X 2063

Paris
1661

Du Roure, Jacques

Dessein d'une institution universelle...grammaire générale, nouveaux rudimens et nouvelles règles

janvier

DESSEIN
D'VNE INSTITVTION
VNIVERSELLE,

Avéque le dénombrement des Arts , des
Siences & des Livres neceſſaires
à ce Deſſein.

GRAMMAIRE GENERALE,
Nouveaux Rudimens : Et nouvelles
Regles de la Langue Latine.

PAR JAQVES DV ROVRE.

A PARIS,
Chez l'Auteur : Avec Privilége du Roy.
M. DC. LXI.

INSTITVTION VNIVERSELLE

Pour ceux qui veulent commencer, pourfuivre, achever,
ou réfaire en peu de temps leurs études.

PAR J. DV ROVRE.

IE Vous donne le deſſein & le commencement d'une Inſtitution Vniverſelle, que d'auˉtres ont appellée ou Cercle des Siences, ou Sageſſe Generale, mais juſqu'à cette heure ſi remplie de difficultez, que je ne ſay point qu'on l'ait enſegnée. Seulement ie ſay qu'elle eſt conforme à la capacité & à l'inclination qu'a l'eſprit humain pour toutes les belles connoiſſances, & conforme à la nature même, où toutes choſes ont enſemble de la liaiſon. A cela l'on pourroit ajoûter le ſentiment des grans hommes, dont quelques-vns ſe plaignent de ce qu'on ne veut être ſage qu'en partie, & non pas generalement: Les autres s'étonnent que dans l'Europe où l'on voit tant de richeſſes & tant de maiſons deſtinées aux Profeſſions particulieres des Savans, il n'en eſt encore point pour l'Etude Vniverſelle des Siences. * La cauſe de cette plainte & de cet étonnement, pour ne redire point les autres que je viens de raporter, ſemble être celle-cy. Les Arts & les Siences ont une connexion neceſſaire. La connoiſſance que nous aquerons des choſes, ſuppoſe que nous avons aquis celle des Langues: Entre léquelles la Françoiſe que nous parlons dépend principalement de la Latine, la Latine de la Gréque, la Gréque de celle des Hebreux: Et ce qu'il faut principalement remarquer, c'eſt qu'elles dépendent toutes des choſes ſignifiées, & que ſans ces choſes on ne peut les bien apprendre. Mais quand on ſauroit parler, ne ſeroit-on pas ridicule ſi l'on ne ſavoit pas ce de quoy l'on doit parler, & ce dequoy l'on traite, ou dans la Philoſophie, ou dans les Siences dont elle eſt le fondement, & dont on peut aizément voir l'union, ſoit avéque la Philoſophie, ſoit entr' elles-mêmes. Ie veux qu'on appelle Medecin celuy qui ne connoît ni la veritable Phyſique, ni la partie des Mathematiques, qui explique les loix du mouvement: Mais ie demande s'il eſt Medecin? Ie demande ſi celuy qui ne ſauroit ni Hiſtoire ni Politique, pourroit être Iuriſconſulte: Et s'il pourroit ſavoir l'Hiſtoire ou la Politique ſans la Geographie par exemple & la Cronologie? Voit-on quelque grand Theologien, qui ne ſoit Philoſophe, ou quelque grand Philoſophe qui ne ſoit Mathematicien, & qui n'ait appris à démontrer les Nombres & les Grandeurs? Enfin quelque long temps que nous ayons étudié, n'avons-nous pas étudié inutilement, ſi nous ignorons la Morale, la Medecine, & les Mechaniques, a quoy il faut rapporter toutes les autres Siences, & tous les autres Arts.

Leur mélange n'eſt donq pas ſeulement neceſſaire à ceux qui tachent, comme la plus-part des François, de ſavoir profondement ce qui eſt de leur profeſſion, & un peu de toutes les autres choſes: Il eſt encore neceſſaire preſque à tous ceux qui veulent ne s'ennuyer jamais, & perfectionner toûjours leurs connoiſſances. Mais parce qu'il ſemble d'ailleurs, ou abſolument impoſſible, ou extrêmement difficile dans la commune façon d'étudier, j'ay trouvé une nouvelle maniere de ranger & de traiter les Siences, ſelon laquelle quiconque n'a appris qu'à lire & à écrire, peut environ dans trois années ſe rendre auſſi parfait, ou mêmes plus parfait, que les autres apres vn temps incomparablement plus long. Pour ceux qui ont fait ou avancé leurs études, dix ou quinze mois leur ſuffiſent, ſoit qu'ils deſirent r'apprendre d'une plus belle façon, plus ſolidement & mieux ſelon l'uſage, ce qu'ils ont déja vû, ou ſeulement être inſtruits de ce qu'on ne leur a pas montré. Nul ne peut donq accuſer ma methode, de cette longueur extrème qu'on trouve ailleurs, & qu'on ſait qui vient de la force de la coutume, de l'excés d'intereſt, du deffaut d'adreſſe, de

** Verul. Bac. in Augm. Scient.*

2

l'affectation des paroles inconnuës, de la diversité des lieux, du desacord des Maîtres: Enfin qu'on
sait qui fait vieillir à apprendre seulement quelque Langue de celles par exemple que les enfans de
Grece & d'Italie n'ignoroient pas. Si quelqu'un juge cette extraordinaire breveté que j'ay pro-
posée, estre au dessus de mon pouvoir, je le supplie premierement de souffrir, que j'oppose à ses
speculations mon experience: Puis de se persuader que ni les choses claires, ni celles qui servent
de fondement aux autres, ne sont pas bien longues, principalement si ceux qui les montrent n'oc-
cupent leurs auditeurs, ni à disputer vainement, ni à écrire : Que dans les Colleges mêmes où l'on
employe plusieurs années à étudier, on apprend seulement le moyen d'étudier: Qu'vn Maître
ne pretend enseigner que les Elemens des Siences, & non pas leur perfection, qui dure toute la
vie, & qui donne lieu à ce Proverbe des Grecs: *Ie vieillis en apprennant.* Ce que j'ajoute, parce
qu'il est ce me semble des gens, qui craignent que si l'on change l'Aphorisme, Qu'on allonge la
vie, & qu'on abbrege l'art, ils manqueront d'occupation. Mais le dessein de montrer brievement
les choses, ne les empéche pas de mettre vn long-temps à celles qu'ils veulent mieux savoir : Seulement il leur procure l'avantage de joindre avéque leurs plus importantes études, plusieurs autres
connoissances qu'il est utile d'aquerir. Nul ne peut accuser d'incertitude ma methode, non plus
que l'accuser de longueur, s'il considere que dans la Grammaire méme, & dans les autres semblables Arts, j'ay taché d'aporter vn exact raisonnement: Et que dans ce qu'on appelle proprement
Sience, ou dans ce qu'on n'établit ni sur l'apparence ni sur l'autorité, je n'ay rien supposé qui soit
ou obscur, ou faux ou inconcevable. Auant nôtre temps, plusieurs de ceux mêmes qu'on appel-
loit nos Maîtres, couvroient seulement de belles paroles l'erreur, l'ignorance & l'obscurité où ils
étoient. Mais enfin on a commencé à traiter toutes les Siences comme les Mathematiques, où
l'on ne reçoit que ce que l'on démontre : & où l'on n'estime pas savant celuy qui a assez de memoire pour se souvenir de ce que les autres ont dit, s'il n'a ni assez de jugement ni assez d'étude
pour faire voir ce qu'ils devoient dire, & pour l'établir sur l'evidence des principes & la necessité
des conclusions. On a commencé à imiter les Conquerans, qui pour n'étre pas contrains de
reculer, ne laissent rien à l'entour ou derriere eux, dont ils ne soient assurez. A la breveté
& à l'évidence que je viens de dire, j'ay dans mes discours joint en sorte l'utilité, qu'ils servent à
vivre ou honnétement, ou sainement ou commodément. Sans doute il est avantageux de savoir
ou de connoitre parfaitement les choses, puis qu'il l'est méme de les connoitre, & puis que dans
l'acquisition des biens que nous recherchons, nous manquons plûtot de lumiere que de pouvoir:
étant vray que rien ordinairement ne nous empéche de persuader les causes libres, & d'appliquer
les autres à leurs sujets : I'avoüe neanmoins qu'il est des savans inutiles, comme il est des savans
inconcevables, & qu'il faut également éviter tous les deux. A l'utilité des choses que j'ay traitées,
j'ay encore taché de joindre leur achevement, pour ne meriter point l'odieux reproche qu'on
fait à ceux qui ont parlé de toutes les Siences, lors qu'on dit qu'ils les ont toutes ignorées, &
qu'ils ont voulu, par un ie ne say quel miracle, donner aux autres les connoissances qu'ils n'avoient
pas eux-mémes. Il reste à raporter le dénombrement & l'ordre, soit naturel ou arbitraire des Arts,
des Siences, & generalement des exercices que ceux-là apprennent, qui veulent dans les Pays
où nous sommes, se rendre honnétes gens, & generalement se deffendre des maux où les hommes
& les autres causes pourroient les faire tomber. Or encore que tous ces exercices regardent &
ordinairement perfectionnent tout l'homme ; neanmoins on en raporte particulierement quelques-uns au corps, & quelques autres à l'esprit. Ceux qu'on raporte au corps sont de trois sortes.
Les uns ont pour fin le Divertissement comme le Chant, les Instrumens, la Danse; Les autres
la Force, comme l'exercice des Armes: Les autres ont ensemble ces deux fins, & sont également
propres à la Paix & à la Guerre, comme Monter à cheval, lever un Plan, & generalement Dessi-
gner. Dans les Exercices de l'esprit, qu'on peut separer de ceux du corps, ou plutôt joindre à ceux
du corps, comme à des divertissemens, qui ne sont pas inutiles, on apprend ou les mos ou les
choses. La Grammaire enseigne à lire, à écrire & à parler. Non pas à parler toutes sortes de
langues, car cela est impossible, leur nombre étant plus grand que celuy des ans ou des jours
mêmes qui nous restent, mais à parler celles que l'experience fait voir, qui sont les plus neces-

faires: Savoir entre les langues vivantes, la Françoise, & entre les langues qu'on appelle mortes, la Latine, qui eſt la plus univerſelle. On peut appeller la Rhetorique, l'achevement de la Grammaire, car elle montre les ornemens de la parole que la Grammaire ne montre pas. Tous ces exercices reçoivent le nom d'Arts, & non pas comme les ſuivans celuy de Siences, ſoit parce qu'ils ſont exterieurs & moins élevez, ou parce qu'ils dépendent moins que les autres du raiſonnement. On établit deux eſpeces d'exercices où l'on tache de ſavoir les choſes. Car il en eſt de Generaux & de Particuliers: Il en eſt de Communs à toutes ſortes de Profeſſions, & de Propres à certaines profeſſions. La ſeule Sience commune à toutes les profeſſions qu'on peut faire eſt la Philoſophie, entre les parties de laquelle on peut mettre les Mathematiques, qui conſiderent ou les Nombres dans la Metaphyſique, ou dans la Phyſique les Grandeurs. Les Siences particulieres ſont trois; La Theologie, la Medecine, & la Iuriſprudence. La premiere principalement regarde Dieu: Et les deux autres l'Homme, entant qu'il fait un corps naturel, ou un corps politique. Encore que la Theologie & la Iuriſprudence ſoient établies ſur l'autorité, & que conſequemment elles ſoient obſcures, & meritent à peine le nom de Siences, il eſt neanmoins utile à chacun d'en avoir quelque connoiſſance, pour mieux entendre les loix de la Religion par la Theologie; Et par la Iuriſprudence les loix de l'ancienne Rome, & même de pluſieurs Etats que l'on voit preſentement dans l'Europe. Ie fais une autre diviſion des Arts & des Siences, qu'il n'eſt peut-être pas inutile d'ajouter à la precedente. Les hommes pour arriver à la Fin qu'ils ſe propoſent naturellement, & qu'ils établiſſent à conſerver & accroitre la vie & les biens de la vie, ont inventé divers ars, & recueilli divers preceptes, dont la connoiſſance peut être appellée Erudition, & rapportée aux Choſes qu'on deſire avoir, & aux Moyens de les avoir. La Phyſiologie conſidere les choſes ſelon qu'elles paroiſſent preſentement, & la Theologie ſelon qu'on les eſpere. Touchant les moyens, il faut remarquer que dans l'acquiſition & dans l'uſage, ſoit des Choſes, ou de leur Doctrine, nous devons regler nôtre Penſée & nôtre Volonté, & aveq elle leur Expreſſion, qui eſt la parole. Par où l'on voit que les arts Auxiliaires ſont trois, qu'ils enſegnent à Parler, à Connoitre, à Vouloir, & qu'ils doivent être joints avéque les deux autres principaux Arts, que l'on appelle encore Siences, ou de la Nature ou de la Religion. Et voila, ce me ſemble, vne Inſtitution que chacun doit ſavoir, ſans diſtinction de ſexe ou d'état. Cette diſtinction auroit lieu, ſi ſelon la Fin que j'ay rapportée, tous ne tachoient de vivre heureux, & d'aquerir pour cela quelque lumiere, qu'on ne peut raiſonnablement juger mal-aizée dans une maniere d'apprendre, où ie ne demande pas les mêmes qualitez, que le jeune Pline* remarquoit en ſon Oncle, un eſprit & une diligence incroyable. Ie me contente qu'on ne ſoit ni fou ni enfant. Si le deſſein de joindre enſemble tous ces exercices de l'eſprit, & de les joindre dans la perfection que la Meditation, la lecture & l'experience peuvent leur donner, & hors de la longueur, de l'incertitude, de la confuſion, & des autres deffauts où on les voit ordinairement, eſt non ſeulement difficile, mais d'autant plus glorieux, qu'il eſt plus rare, & qu'il nous éleve, je ne dy pas au deſſus des Savans vulgaires, je dis au deſſus de pluſieurs que l'on prend comme pour les Souverains dans les Siences, mais que l'on voit pourtant être tombez en diverſes erreurs, & avoir eu des connoiſſances trop limitées: La difficulté eſt particuliere à celuy qui peut le premier enſegner tant de divers Arts: Pour la gloire elle luy eſt commune avéque ceux qui les apprennent. L'ordre arbitraire dans lequel je les diſpoſe, conſiſte en deux Explications: l'vne Latine, & l'autre Françoiſe. L'une contient, Premierement la langue Latine mêmes avéque les principes de la Gréque. Secondement la Iuriſprudence Romaine. Troiſiémement la Theologie, dont une partie eſt le Droit Canonique. L'autre contient la Rhetorique, & aveq la Philoſophie dont la Phyſique renferme ce qu'on appelle Medecine, les Mathematiques. Au commencement de ces Leçons on recite par memoire les precedentes. A la fin on propoſe les doutes, & on répond aux interrogations. Quelques jours de ceux auſquels on vaque, on peut ou dans la maiſon faire des experiences, par exemple des Diſſections, ou dehors travailler aux Fortifications ſur le Terrain, prendre les Hauteurs, connoitre les Plantes, &c. Les Samedis on repete les choſes qu'on a appriſes, & l'on en apprend d'autres plus importantes ſouvent que longues ou difficiles. On s'exerce

* Plinius ad Marcum.

A ij

4

à parler en publiq. Enfin on lit les ouvrages qu'on a travaillez pendant la femaine, ou quelquefois d'autres ouvrages, dont on remarque les deffauts & les perfections. Dans l'année on employe durant dix ou quinze jours, quelques heures à vn cours de Chimie. Toutes les chofes que ie viens de dire, ont efté difpofées en forte que les principales & les plus difficiles font expliquées diverfes fois, & que chacun peut d'abord, ou apres peu de leçons particuliéres, cõmencer par l'endroit qu'il veut: S'il craint de s'embaraffer l'efprit par tant d'exercices, il peut encore laiffer ou differer ceux qu'il juge les moins neceffaires. Enfin il peut fe mettre au rang de deux ou trois fortes de perfonnes, dont les unes donnent du commencement, ou felon leur pouvoir, ou felon qu'à Paris on a acoutumé de donner aux Savans de quelque reputation: & les autres en qui l'efprit eft joint avec la povreté, font gratuitement enfeignées.

On peut voir par Ariftote méme, qui a efté un extraordinaire nombre d'années fous Platon, & qui a écrit prefque de toutes les Siences, que les Anciens fous le nom de Philofophie, étudioient prefque toutes chofes, & qu'ils n'avoient pas pour s'inftruire un deffein de moindre étenduë que celuy que ie viens de propofer. Vn de leur principaux defavantages étoit la rareté du commerce, & des Livres alors tous écrits à la main. Car enfin les Livres font comme autant de Maîtres, mais qu'on n'incommode point lors qu'on les confulte, ou chez foy, ou chez quiconque les garde autrement que le Chien de la Fable gardoit le foin qu'il ne touchoit pas, & qu'il ne laiffoit pas toucher. Dans leur ufage il faut feulement diftinguer avéque foin ceux qui étudient, & qui font ou commençans, ou avancez, ou favans. Car on ne peut à peine juger la multitude des Livres utile qu'aux derniers, qui fuppléent, expliquent & corrigent les uns par les autres, qui voyent fans confufion les copies & les originaux, qui dans les Auteurs d'opinion differente, n'ont point d'autre attachement qu'à fuivre l'evidence ou de l'experience ou de la raifon, & à regarder inceffamment le Monde & le Sens commun, qui font les deux fources de tout ce qu'on fauroit jamais écrire. A ces Preceptes, on en peut ajouter d'autres, comme celuy d'avoir non feulement les meilleurs livres, mais les meilleures editions, & principalement les dernieres que les Auteurs ont faites, & qu'ils ont voulu rendre femblables aux Loix dont celles qui fuivent, abrogent fouvent les autres: Enfin quils ont voulu donner au publiq pour luy enfegner leurs fentimens, & non pas pour favoir ceux du publiq mémes. Ie ne dy rien du jugement qu'on doit faire des Livres, & qu'on doit faire plutôt par leur difcours que par leur rareté, qui n'eft pas ordinairement une marque du merite qu'ils ayent, mais du mépris où ils font. Ce que je dy, c'eft que plufieurs ont cette baffe malignité, que pour ne découvrir point les Auteurs dont ils ont tiré tout le peu qu'ils ont de fience, en citent d'autres qu'on ne peut voir, & qu'on mépriferoit fi on les avoit vûs. Entre les perfonnes qui jugent déraifonnablement des Savans qui ont écrit, il en eft encore qui par folie fe moquent prefque de tous ceux, dont les autres, foit par prévention ou parce qu'ils ignorẽt les opinions contraires & l'humaine infirmité, adorent les moindres fentimens. Pour ce qui regarde en particulier les livres que vous allez voir, bien que chacun ne les aprouve pas tous, je veux neanmoins les raporter, parce que plufieurs font excellens, la plus-part communs & faciles à avoir: Quelques-uns méme François. L'ordre dont ie me fuis fervi, n'eft pas toujours celuy du temps, ni mémes de la dignité, pour ne donner point de jaloufie. Les Auteurs qui ont traité de toutes chofes, ou d'un grand nombre de chofes, font Pline, Plutarque & Photius entre les anciens; & entre les nouveaux, Albert le Grand, Alftedius, Bacon, Cardan, Campanelle, Erafme, Grotius, Lipfe, Petrarque, Poffevin, Ramus, Saumaife, Vives, Voffius. Ie pourrois ajouter Raimond Lulle, mais je ne le vois eftimer que par ceux qui ont pour fin de parler beaucoup, ou de chercher la pierre Philofophale. Nous avons des Auteurs François qui traitent encore de divers fujets, comme Montagne, Charron, Lamotelevayer, Leon, Sorel. Les principaux livres des Lieux communs, font *Polyanthea & Theatrum vitæ humanæ*. Ie croy pouvoir mettre en ce commencement les Auteurs qui ont écrit contre les Siences, comme Sextus Empiricus & les Sceptiques dans tous leurs ouvrages, Agrippa dans le Livre de la Vanité des Siences, Sanchez dans un Traité qui a pour titre, *Qu'on ne fait rien*. Rampale dans fon difcours de l'Inutilité des Gens de lettres. Merfenne a defendu la verité des Siences, Ie crois encore pouvoir mettre icy les Auteurs qui enfegnent, ou generalement à connoitre & profiter des Livres, f.. quoy par exemple on a la Lettre de Defcartes à Voetius, & *Grotii Voſſii, aliorúmque Differtationes de ſtudiis inſtituendis*; ou en particulier des Livres Eccleſiaſtiques, des Hiſtoriens, & d'autres. Voyéz touchant cela, Bellarmin, Bodin, &c. Pour la T H E O L O G I E, ceux qui ont prouvé la Religion Chrétienne contre les Athées, les Payens, les Iuifs, les Mahometans & les Libertins, ſont Grotius, Vives, Mornay, Hornebeeck & D. L. dans ſes trois veritez ; aveq qui l'on peut lire Campanelle contre les Athées *Pugio fidei*, & quelques traitez de Voyſin contre les Iuifs. Saint Thomas contre les Gentils. Grenade & pluſieurs nouveaux Auteurs contre les Libertins. La Theologie Poſitive contient l'Ecriture Sainte, les Conciles & les Peres. Entre les nouveaux Interpretes de toute la Bible, ou de pluſieurs de ſes parties, je n'en ſçay point de meilleurs que Grotius, Menochius, Tirinus, Eſtius, Sa, Maldonat, & l'Auteur de *Biblia maxima*. Comme la parfaite connoiſſance de l'Ecriture ne dépend pas ſeulement de l'Ecriture même, mais de la Langue & de l'Hiſtoire des Hebreux ; on pourroit mettre icy avéque les Concordances, les Auteurs qui ont traité de la Langue Hebraïque : mais ils ſeront marquez entre les Grammairiens. Pour l'Hiſtoire, outre ceux que l'on verra à la fin, nous avons Buxdorſius de la Synagogue des Iuifs, Menochius de leur Rep. Bouchard, & entre les anciens, Philon & Ioſephe. On trouve les Conciles imprimez, ou tous au long, ou en abregé. Chacun ſait les noms des quatre principaux Peres de l'Egliſe. Les autres plus fameux ſont Tertullien, Origene, Saint Cyprien, Arnobe, Lactance, S. Chryſoſtome, &c. Touchant les Controverſes je veux marquer icy ſeulement Melchior Canus, Caſſander avéque les notes de Grotius, Veron. Il eſt important aux ſages Controverſiſtes de joindre avéque la doctrine des Catholiques une exacte connoiſſance des principaux ouvrages compoſez par les Arminiens, par les Preadamites, par les Anabaptiſtes, par les Calviniſtes, par les Lutheriens, ou par d'autres. Dans la Theologie Scholaſtique, on a le Maitre des Sentences, S. Thomas, Scot, Okam, Gabriel, & pluſieurs nouveaux Auteurs, comme Becan, Delugo, Ethus, Hambert, Medices, Martinon, Petau, Thomas Anglus. Avéque la Theologie Morale de la plus-part de ces Auteurs, on peut voir celle de Leſſius, de Diana, de Tolet, de Binsfeld, de Sa. L'abregé de la Theologie Scholaſtique a été fait par Pierre de S. Ioſeph, par Abelly, par Tiſſier. Ie veux mettre icy les Livres de devotion, parce qu'ils contiennent ce qu'on a acoutumé d'appeller quelquefois Theologie affective, & quelquefois Theologie myſtique. Les principaux de ces Livres ſont pluſieurs ouvrages des Peres, Thomas à Kempis, Grenade, le B. de Sales &c. Ceux qui s'adonnent à la veritable devotion, la doivent diſtinguer avéque ſoin, de celle qui n'eſt qu'apparante : Car combien voit-on de pretendus Spirituels qui loin de vivre chrétiennement, ne gardent pas même les loix de la nature & de la raiſon, ſi ce n'eſt que ces loix commandent l'interêt, la fourberie, & d'autres ſemblables vices. Combien en voit-on qui apres pluſieurs contemplations, ne ſavent pas, ce ſemble, qu'être vertueux, c'eſt faire du bien aux hommes ? Les P H I L O S O P H E S ſont diviſez en Sectes que l'on voit dans Laerce, Eugubin & Hornius. Vne des principales eſt celle de Democrite, d'Epicure & de Lucrece, ſur laquelle on peut lire Magnenus & Gaſſendi. L'autre eſt celle de Platon, duquel nous avons les livres expliquez par Ficin & par pluſieurs autres. Apulée même nous a laiſſé les trois parties de cette Philoſophie. La troiſiéme Secte eſt la Peripatetique, dont Ariſtote eſt le chef. Les Commentateurs de ce Philoſophe les plus eſtimez ſont les anciens : & entre les nouveaux, Pacius, Scaliger, Magir, Gallucius, Cabæus, &c. On peut voir outre ceux-là, pour la Logique Dumoulin & Canaye. Pour la Morale Picolomini, Iavel, Theophile Rainaud & Crellius. Pour la Politique Vvendelinus. Pour la Phyſique Valeſius, Fromond & d'Igbi. Pour la Metaphyſique Suarez. Pour toute la Philoſophie, Kecquer... Craſſot, le Reez, Euſtache de S. Pol, Pierre de S. Ioſeph. Ie pourrois laiſſer pluſieurs de ces ... urs comme i'en laiſſe d'autres, parce qu'ils ne nous ont donné que des bagatelles en tables ou ſans tables, & parce que je n'ay jamais ou preſque jamais remarqué dans leurs ouvrages ni démonſtrations ni experiences : mais des diſputes interminables, & une confuſion de paroles au delà de tout ce qu'on ſauroit imaginer. Bien plus, quoy qu'ils croyent leur Morale tres-parfaite, ie ſuis certain neanmoins que les ſimples Fables d'Eſope, par exemple ou de Phedrus, peuvent mieux qu'elle former un honnête homme. Les Auteurs

A iij

qui ont écrit contre les Ariſtoteliciens, ſont Teleſius, Patricius, Ramus, Campanelle, Baſſon, Gaſſendi, & Botij deux freres de Hollande. On n'eſtime les Stoiciens que pour la Morale, laquelle on voit dans Senéque & dans Lipſe. Avéque les penſées morales de Senéque, d'Epictete, de Socrate & de Plutarque nouvellement recueillies, on pouvoit joindre celles de Marc-Antonin. Nous avons en François pour la Morale Fortin de la Hoguete & Amiraut: Pour la Politique, Bodin, les Memoires du Cardinal de Richelieu, &c. Quiconque veut dans la Philoſophie s'atacher à la verité plutôt qu'aux ſectes, doit lire les ouvrages de Deſcartes, de Gaſſendi, d'Hobbes, de Kepler, de Galilée, de Bacon, de Gilbert, de Magnan & de Mônier. A ces Livres j'ajouteray ma Philoſophie, principalement quand elle aura un titre pareil à celuy du Code *Repetitæ lectionis*. Les MATHEMATICIENS qui ont écrit de toutes les parties, ou de pluſieurs parties de leur Sience, ſont Herigone, Henrion, Clavius, Stevin, Metius, Kircher. Pour la Geometrie on a entre les anciens, Euclide, Archimede, Apollonius, & entre les nouveaux, Viete & Deſcartes, les deux fameux Auteurs de l'Analyſe. Pour l'Arithmetique, Phriſius, Iordanus, Maurolycus, Clavius: & en François Ville-franche & Chauvet. Pour l'Algebre Diophante, & pluſieurs nouveaux Auteurs. Pour les proportions Meibomius. Pour les Mechaniques, Ariſtote avéque les commentaires de Monanteuil, & de Blancanus, Galilée, Guid-ubalde & Deſcartes dans ſes œuvres Poſtumes. Pour l'Architecture, Vitruve, Delorme & Vignole. Pour les Fortifications, Errard, Maroloys, Deville, Fritach, le Comte de Pagan, & Dogen. Pour la Milice, Vegetius, Frontin, Poliænus, Naudé, avéque pluſieurs Auteurs qui en ont écrit en François, comme la Prugne & Daigremont. Euclide, Vitellion, Alhaſen, Kepler, Maurolycus, Aguillonius, Scheiner, Stuzzus & Deſcartes ont travaillé à l'Optique. Maurolycus, Sacroboſco, Boulanger, & Gaſſendi à la Sphere. Ptolemée, Purbachius, Maginus, Kepler, Coperniq, Tycobrahé, Bouillaud, Ricciolus & Ouard à la Theorie des Planetes; à celle du Soleil Scheiner, à celle de la Lune Hevelius: Metius à l'uſage des Globes, Clavius à l'Aſtrolabe, Gemma Phriſius, au Planiſphére: Divers ont fait des Ephemerides pour divers temps. Ptolemée, Strabon, Mela, Solin, Cluverius, Ortelius, Mercator, Bertius, Golnits, Varennes, Samſon & Briet ont expliqué la Geographie. Maurolycus, & pluſieurs autres, la Gnomonique: Scaliger, Gautier & Petau, la Cronologie: Clavius & Gaſſendi, le Calendrier: Snellius, Kircher, & Fournier, la Navigation. On trouve imprimez enſemble tous les anciens Auteurs de la Muſique, ſur laquelle on a encore en Italien Zarlinus, aveq quelques ouvrages de Merſenne, de Deſcartes & de Gaſſendi. Ceux qui ſe plaiſent à déviner peuvent lire Ptolemée, Origan, Villon, & Morin pour la Iudiciaire: Ariſtote, Cardan & Porta pour la Phyſiognomie: Flud, Tricaſſe, & la Chambre pour la Chiromance. Dans la IVRISPRVDENCE, il y a premierement les deux corps du Droit Civil & Canon, avéque leurs Gloſes. Puis les Ordonnances, les Coutumes, & les Arrets. Parce que les Interpretes du Droit ſont en trop grand nombre, ie me contenteray de marquer icy Budée, Cujas, Donellus, Duaren, Briſſon, & les Fabers. Nous avons en nôtre langue la Iuriſprudence Romaine rapportée à l'vſage, avéque le procez Civil & Criminel. Les Inſtituts du Droit Canon ont été faits par Lancelot, par Cucchus, & par Caniſius, auquel on a adjouſté les Paratitles de Chaſſanay. Theophile, Cujas, Pacius, Mynſinger, Borcholten, Vinnius, & pluſieurs autres ont expliqué les Inſtituts du Droit Civil. Les Auteurs de ſes Paratitles ſont Cujas & Vveſembecius. Vulteius & Perezius ont fait un abregé de Iuriſprudence, & Calvinus un Lexicon que l'on eſtime. Les plus fameux MEDECINS ſont Hypocrate, Galien, Celſe, Fernel, Sennert, Perdulcis, Riolan, Hofman, Heurnius; auſquels j'ajoûteray icy Raveſteing à cauſe de ſon Lexicon de Medecine. Pour la Pharmacie on peut lire Pharmacopœa Auguſtana, Schroderus, & Bauderon. Pour la Chirurgie, Guidon, Paré, Aquapendente, Demarques, Pigray, aveq le Medecin, l'Apoticaire, & le Chirurgien charitables. Pour l'Anatomie, Dulaurens ou ſon Compilateur Gelée, Bartholin, Riolan & Pecquet. Pour la Chimie, Crollius, Beguin, Declave, Daviſſone, Glauber & Barlet. C'eſt par les principes de cet Art que Paracelſe, Quercetan, Fabri, & Helmont ont taché d'expliquer la Medecine à laquelle ſervent les Auteurs qui traitent ou des Plantes comme Dioſcoride, Theophraſte, Mathiole, & Bauhin: ou des Metaux comme Agricola, Cæſius, le Coſmopolite, & quelques autres Auteurs que le Theatre Chimique contient : ou des Animaux comme Ariftote, Aldovrandus : ou enfin de toute la nature comme Pline. Entre les Medecins les plus curieux & les plus exacts dans les experiences & dans les raifonnemens, il faut mettre Harveus & Hogelande. L'un a écrit & du mouvement circulaire du fang & de la generation des animaux, l'autre de leur œconomie. Dans la Medecine vulgaire on eftime pour la pratique Riverius, & Hollier. Vequer, Liebau, Alexis, & d'autres ont publié des fecrets dont il ne feroit peut-être pas inutile d'éprouver les plus importans pour en découvrir l'erreur ou la verité. Iuftin, Cluverus, Turfellin, Chriftianus Matthiæ , & Boxhornius ont écrit univerfellement l'HISTOIRE de tous les peuples. Socrate , Sozomene, Nicephore, Baronius, Torniellus, Salien , Spondo , & Godeau celle de l'Eglife. De tous les Hiftoriens prophanes, ceux que ie voy plaire à plus de perfonnes font Tacite , Strada, & Philippe de Commines ; avéqlequel nous avons encore pour l'Hiftoire de France, Paulus Æmilius, Thuanus Gramond, Avila, de Serres, & Mezeray. Ie laiffe pour n'être pas long, les livres de voyages, & les Hiftoires particulieres à divers Peuples. Mais quelles qu'elles foient, j'averty de les lire aveq quelque précaution, & fuppofer par exemple ces deux chofes : L'une que la durée du monde & le nombre des foux font caufe qu'on ne trouve point de fottife fans autorité ; L'autre, que ni dans les victoires ni ailleurs la fageffe & le bon-heur, la vertu & la puiffance, & generalement l'avantage & la raifon ne font pas tousjours enfemble. Il y a trois ou quatre fameufes RHETORIQVES de Ciceron, de Quintilien, d'Ariftote, & d'Hermogene. On voit la pratique des regles de cet Art dans Ciceron , dans Ifocrate , & dans Demofthene. Les Advocats François ont le Maitre: les Predicateurs Ogier & Senaut : Tous, les ouvrages des plus éloquens Hommes de nôtre temps, de Balzac, de Coftar, de Silhon , &c. Les POETES François dont on fait état, & dont je me fouviens maintenant, font Malherbe, Brebœuf, Corneille, Chapelain, Benferade, Godeau, la Menardiere, S. Amans, Scuderi. Maynard pour les Epigrammes, & Scarron pour les vers Burlefques. On trouve les preceptes de la Poëfie Françoife en divers livres, dont les plus cours font l'Ecole des Mufes, & la Methode imprimée chez Petit. Les GRAMMAIRIENS qui ont travaillé à la langue Hebraïque font Buxdorfius, Mayr, Pagnin. On eftime la Grammaire Greque de Clenard, d'Antefignan, de Gretfere, & du Port Royal. Budée, & Scapula font encore tres-utiles à ceux qui apprennent cette langue. Pour le Latin on trouve enfemble tous les Anciens Grammairiens , aveq léquels on peut voir Scaliger, Manuce, Alvares, Defpautere, Voffius, & la nouvelle Methode de 1656. Commenius a fait la Porte des Langues & d'autres ouurages utiles. Les principaux Dictionnaires font ceux d'Etienne, de Calepin, de Iunius, & de Martinius. Quiconque veut apprendre la pureté de la langue Latine, doit lire Ciceron, Cefar, Salufte, Terence, Virgile, Horace. Ie laiffe la Profe, les Vers, & la Critique des nouveaux Auteurs, de Cafaubon, de Turnebe, de Lambin, des Efcales, de Gruterus: de Buchanan, d'Heinfius, de Teron, de Millieu : de Charpentier, de Muret, du Theologien Sirmond, & d'autres. Pour le François nous avons les Remarques de Vaugelas, celles de l'Academie fur le Cid, & celles de Dablancour fur fes verfions, Oudin. Les Auteurs qu'on juge s'exprimer le mieux en cette langue, font Coefferau, Malherbe, Voiture , Dablancour , Vaugelas, Balzac, Coftar, Scuderi, Lacalpernede & Peliffon, aveq quelques autres qu'il raporte dans fa Relation de l'Academie. On attend des Meffieurs de ce Corps un Dictionnaire François: Cependant on peur fe fervir des Origines de Ménage, des Effais de Binet, de Nicod, & de Morel. Ie pourrois ajouter plufieurs ouvrages fur divers Arts, comme le Theatre d'Agriculture par de Serre. L'Art de Blazonner par la Colombiere, & celuy de monter à Cheval par Labroüe & par Delcampo : mais j'ay peur d'être trop long. C'eft pourquoy je finis, apres avoir dit que ceux qui n'ont pas ou le temps de lire vne fi grande multitude de Livres, ou la volonté même de faire la dépenfe qu'il faudroit pour les achetter , peuvent fe fervir de ceux que je fais imprimer, & que je fay qui contiennent toutes les chofes necaffaires, foit celles qu'on trouve, ou celles qu'on ne trouve pas ailleurs ; Enfin que je fay qui doivent être d'autant plus reguliers qn'ils reffemblent aux villes bâties par vn feul Architecte.

F I N.

GRAMMAIRE GENERALE.
PAR I. DV ROVRE.

NTRE les Signes que les hommes pouvoient établir, pour se faire connoître reciproquement leurs pensées & les objets de leurs pensées : nous devons juger ceux-là les plus incommodes, qui auroient été pour les Sens, que des choses ou peu communes ou d'une immediate application excitent. Les Signes donq que les hommes ont été obligez de prendre, sont quelques Sons pour l'ouye, & quelques Caracteres ou Figures pour la veuë. Ils ont appellé Parole ces sons, & Ecriture ces Caracteres: Comme ils ont appellé l'Art qui les enseigne, Grammaire & anciennement Literature, de *Grammata* ou *Literæ*. Par où l'on voit que la Definition de la Grammaire est la suivante, l'Art de parler & d'écrire. Si les Sons ou les Figures dont on se sert en parlant ou en écrivant font un sens entier, les Latins les nomment Oraison, & les François Discours, dont les mos font les parties: mais parties d'un sens imparfait, prononcées & écrites toutes separément, & chacune sans interruption. Comme les mos composent le discours: les Syllabes, ou les sons d'une respiration & d'un batement simple composent les mos. Les parties des Syllabes font ou les Voyelles qu'on peut proferer sans mélange d'aucune autre voix, ou les Consonnes nommées de la sorte parce qu'elles ne sonnent qu'aveq les Voyelles, & qu'elles ne demandent pas qu'on respire seulement & qu'on ouvre la bouche, mais qu'on remuë encore quelques patties de la bouche. Les Voyelles & les Consonnes reçoivent le nom de Letres, que nous marquons presque toutes par des Figures à peu pres répondantes à la disposition où chacun, quand il les prononce, peut remarquer son palais, ses levres & sa langue. L'Alphabet est la representation des Letres: les François l'ont commun avéque les Latins & ils le composent de vingt-trois Letres, ou seulement de vingt; puis qu' l'h est une aspiration, q un c fermé, & k inutile. Neanmoins on ne peut nier que cet Alphabet ne soit plus parfait que celuy des Grecs & des Hebreux, pour la simplicité des Caracteres & de leur prononciation. Car dequoy servent les dernieres syllabes dans Alpha beta gamma, ou Aleph beth gimel ? Mais on ne peut nier non plus qu'il ne soit imparfait, puis qu'il a des Letres superfluës, par exemple l'Y qui est en Latin un V, & en François un I : Et puis qu'il n'a pas toutes les necessaires, comme l'i & l'u consonnes, qu'on marque aujourd'huy par un j long & par un v rond. La maniere d'apprendre l'Alphabet est premierement de connoitre les letres & savoir quel son leur répond: Secondement de les assembler: enfin de les écrire presque au même temps, non pas seulement comme on a acoutumé, sur du papier aveq une plume, mais aveq un crayon sur des feuilles d'yvoire, ou sur quelqu'autre matiere transparente & appliquéc aux Caracteres qu'on veut imiter, & qu'on doit savoir être composés seulement de ces trois *i c s*, par qui consequemment il faut commencer. La premiere division des Letres est en Voyelles & Consonnes: mais nous l'avons auparavant expliquée, comme nous expliquerons apres dans la Quantité ou dans la Mesure des Syllabes la sousdivision des Voyelles en Longues, Breves & Communes. Celle des Consonnes est en Muettes & Demi-voyelles. Les Muettes ont comme on croit un son plus sourd, & commencent toutes par elles mémes leur prononciation: Les Demi-voyelles qu'on oppose aux precedentes font f l m n r s x z. L m n r ont été appe'lées Liquides par ceux, qui ont pensé qu'elles rendent facile & coulante la prononciation. La deuxiéme division des Letres est en simples & doubles. Les doubles font deux. Ix qu'il faudroit plûtot appeller csi, & zeta ou en François zede qu'on met pour ds. La troisiéme est tirée de la nouvelle façon d'écrire, où l'on distingue de Petites & de Grandes letres. On appelle encore ces dernieres Capitales : & on les met au commencement de tous les vers, & de toutes les periodes si elles ne font pas en grand nombre & extremement courtes: Enfin on les met au commencement des noms propres c. Virgile, le Poëte, & generalement des noms qui signifient des choses grandes & considerables, ou

B

des choses qui sont d'ailleurs le principal sujet du discours. Il est encore des Letres Initiales & Finales, des Letres d'Impression & de Main, des Letres Romaines & Italiques: Des Letres qu'on prononce, & d'autres qu'on ne prononce pas, appellées par les Grammairiens Hebraïques *Quiescentes*, comme les deux dernieres d'aime*nt*. Les Syllabes sont ou une voyelle c. a: ou plusieurs voyelles, qui sont ou écrites seulement & appellées Diphtongues ou Triphtongues Impropres c. autre, œil: ou encore prononcées & appellées Diphtongues ou Triphtongues Propres, dequoy l'on peut raporter ces exemples: Mien, Europe, Dieu, oüy, de l'eau *aquæ*. Les Syllabes sont encore ou plusieurs consonnes c. st. ou une voyelle avéq une ou plusieurs consonnes c. le, Francs. Pour former ces Syllabes, remarquez que si les consonnes sont devant ou apres une seule voyelle, elles luy sont toutes jointes c. fri, ont: mais que si une consonne est entre deux voyelles, on la prononce avéque la derniere, c. a-me. Il faut diviser plusieurs consonnes entre deux voyelles, & prononcer la premiere consonne avéque la premiere voyelle, & les dernieres avéque la derniere c. As-tre. Neanmoins il arrive autrement dans les mos composez c. in-abile, des-unir, tris-ayeul, & dans ceux à qui quelque letre manque, c. â-pre, dont l'écriture entiere est as-pre. On divise les Mos premierement en Monosyllabes c. pour, Dissyllables c. plutôt & Polysyllabes c. enseigner. 1. En Primitifs c. mort & Derivez c. Mortel. Les Grammairiens raportent à ces derniers, ceux qu'ils appellent Patronimiques, c. les Atrides, c'est à dire les fils d'Atreus, Nationaux c. Spartiate, Possessifs c. paternel, mien, Diminutifs c. livret, Verbaux c. diseur, nourrissier, &c. 3. En Simples c. dire & composez c. predire. 4. En Prepositifs, c. car, Postpositifs c. di-je, Communs c. disant. 5. En immuables c. helas, si, de, peu: & sujets à certains changemens, qui d'eux mémes signifient certains raports & de la sorte abregent le discours c. Titie les trouvera parlantes. Cette derniere division des Mos contient celle que l'on fait du discours en Huit parties, dont les quatre premieres qu'on appelle Nom, Pronom, Verbe & Participe sont variables: Et les quatre autres qu'on nomme Adverbe, Preposition, Conjonction, Interjection invariables. On peut les raporter toutes a trois, & dire que le Nom marque les choses, le Verbe l'existence des choses & l'Adverbe leur façon. Les changemens que i'ay dit qui arrivent aux noms, aux pronoms & aux participes sont nommez Declinaisons, & ceux qui arrivent aux verbes Conjugaisons. Les Declinaisons & les Conjugaisons ont la diversité des Nombres commune. Dans le nombre Singulier on parle d'une chose seulement c. la Philosophie est une Sience: dans le pluriel on parle de plusieurs, c. Les Autoritez n'établissent pas les Siences. Le Nom est un mot qui a des Cas, c'est à dire ou differentes terminaisons, ou differentes prepositions & enfin differentes affixes, qui n'assurent & ne nient rien, mais marquent seulement la chose, ou absolument ou avéq quelque rapport c. *lux lucis* la lumiere de la lumiere, moy me. En nôtre Langue nous n'avons que trois cas, qui sont appellez de leur nombre, Premier, Second & Troisiéme Cas, & qui expriment tous les six Latins, que ie vais ajoûter. Le Nominatif nomme, c. *Dominus* le Seigneur, *pater* le pere, *ager* le champ. Le Vocatif appelle, ou demande qu'on écoute, c. *Domine* ô Seigneur. Le Genitif signifie la generation ou la dependance, c. *filius Domini*, le fils du Seigneur. Le Datif marque l'acquisition, c. *dedit patri* il a donné au pere. L'Accusatif accuse, ou plus generalement exprime la chose, en laquelle passe l'action, c. *accusare Dominum* accuser le Seigneur, *colere agros* cultiver les champs. L'Ablatif ôte & marque plusieurs autres rapports, c. *aufert a patre* il ôte au pere, *ditior Domino* plus riche que le Seigneur. Ceux qui commencent a étudier connoitront plus facilement les Noms par cette definition. Les Noms nomment les choses & peuvent avoir en François ces Articles ou ces Particules un une, le la, de à. c. un sage homme, une femme sage. On appelle Substantifs, les Noms qui expriment des choses ou par elles mémes, ou du moins toûjours subsistentes: Et Adjectifs, les autres qui expriment les accidens ou les varietez de ces choses, & indeterminément ces choses mémes, c. blanc, c'est à dire ayant ou qui a de la blancheur. Les Commençans doivent seulement distinguer ces noms par les marques suivantes: On ne peut joindre le Substantif avéq le mot chose: mais on peut joindre l'Adjectif & avec ce mot & avéq ces deux autres, homme & femme. c. bel homme, belle femme. Remarquez que si les noms Substantifs representent un objet singulier c.

Cartage Athenes, on les appelle Propres, & Appellatifs ou Generaux s'ils representent même dans le singulier nombre, plusieurs objets semblables, c. ville. Secondement remarquez qu'originairement les noms Substantifs sont du genre masculin ou feminin, selon qu'ils signifient l'un ou l'autre sexe, c. *hic puer* ce garson, *hæc puella* cette fille. Enfin que s'ils signifient d'autres choses, ils ne sont ni masculins ni feminins, mais neutres, c. *hoc templum* le temple. Le genre neutre est inconnu en nôtre langue. Pour les noms Adjectifs, ils sont ensemble masculins, feminins & neutres ou sous une terminaison c. inebranlable, ou sous plusieurs terminaisons c. constant & constante, fort & forte, *firmus firma firmum*. Les noms adjectifs & les adverbes mêmes ont trois Dégrez de Comparaison que l'on nomme Positif, Comparatif & Superlatif c. prudent, plus prudent, tres-prudent, savamment, plus savamment, tres-savamment. Le PRONOM est mis pour le nom ou de celuy qui parle c. je, ou de celuy à qui l'on parle c. tu, ou de celuy de qui l'on parle c. il. On les appelle Pronoms de la première, de la seconde & de la troisiéme personne. On les appelle encore Pronoms Demonstratifs. Le Relatif, qui, est de toutes les personnes, mais le reciproque se est seulement de la troisiéme. Les Latins ont donné par excellence le nom de VERBE ou de Parole à cette partie du discours par qui principalement avéque nos plus considerables pensées l'affirmation & la negation, on signifie l'existence & la non-existence des choses, qui en sont les plus considerables objets. Les variations ou les inflexions du verbe marquent premierement les trois differences du tems Present, Futur, Passé ou Preterit: imparfait, parfait, plus que-parfait. Quelques Langues distinguent deux sortes de preterits parfaits, selon qu'elles expriment les choses ou passées indeterminément, comme j'écrivis, je connus, j'aimay: qui est nostre preterit simple & nostre preterit éloigné & qui répond à l'Aoriste Grec: ou passées, determinément au jour, en l'année ou au Siecle qui dure encore: j'ay écrit aujourd'huy, j'ay écrit cette année, ie me suis écrit ce matin, ie suis monté cette apresdinée. Et c'est nostre preterit prochain, ou nostre preterit composé: savoir composé du verbe principal & de l'auxiliaire avoir ou être. On pouvoit nommer ces deux temps passez, Preterits Absoluts, & Relatifs les trois suivans: qui signifient des choses passées & presentes, comme j'écrivois quand vous êtes entré: ou seulement passées comme j'avois écrit quand vous êtes entré: ou passées & futures, comme j'auray écrit quand vous entrerez. Les variations du Verbe marquent en second lieu les personnes. Ie Iy, tu Is, i' Iit. Lisons, &c. Troisiémement la maniere des choses ou plûtot de l'expression des choses. Car on exprime les choses ou indefiniment, c'est à dire sans nombres & sans personnes dans l'Infinitif aimer, croire, voir, ouyr: ou avéque nombres & personnes, dans l'Indicatif, l'Imperatif & le Subjonctif. Leur Etymologie montre que l'un Indique, l'autre Commande & l'autre Ioint. Les Philosophes remarqueront que le verbe exprime nos Simples Connoissances dans l'Infinitif, nos Iugemens dans l'Indicatif, enfin nos Volontez ou absolument dans l'Imperatif, ou conditionnellement dans le Subjonctif & l'Optatif, qui en plusieurs Langues sont les mêmes. Quatriémement les variations du verbe marquent l'action, comme ie frape *verbero*, ou la passion c. *verberor* ie suis frapé. On appelle ces terminaisons & ces significations differentes, Voix Active & voix Passive, qu'on entendra plus facilement par la suivante division du Verbe. Le Verbe signifie ou seulement l'Existence & la Substance des choses, c'est pourquoy on l'appelle Substantif c. ie suis *sum*: ou quelqu'autre attribut qu'elles produisent & reçoivent reciproquement, ou qu'elles produisent & reçoivent intransitivement, & chacune en soy c. ie marche. Les verbes Actifs établissent la premiere sorte de ces verbes, les Passifs la deuxiéme & les Neutres la derniere. Tous ces verbes sont Personnels; les autres qui ont seulement les troisiémes personnes sont Impersonnels, comme il faut, il pleut. Les Latins ont d'autres verbes qu'ils appellent ou Communs signifians activement ensemble & passivement comme *criminor* i'accuse & ie suis accusé, ou Deponans qui ont deposé ou quitté la terminaison active & la signification passive, *sequor* ie suy. Ils en ont encore d'autres qu'ils appellent Inchoatifs c. *calesco* ie commence à m'échauffer. Meditatifs c. *esurio* i'ay envie de manger, & Iteratifs c. *dictito* ie dy souvent. Quiconque commence à étudier, doit tâcher à connoître le verbe par ces mos qu'il peut mettre auparavant, ie tu il ou elle, nous vous ils ou elles: Et l'Infinitif du verbe encore par ces autres mos, falloir ou plûtôt il faut c. il faut vouloir, ou tu veux c. tu veux manquer. Les PARTICIPES sont des noms adjectifs venans des verbes, & comme eux signifians le temps, ou l'action mémes & la passion; par exemple finissant tremblant étonné. Priscien met au nombre des Participes les Gerondifs & les Supins; que les Latins ont appellés de la sorte, comme s'ils avoient dit *nomina negotiosa & otiosa*. Les François les ont laissé aux Latins ou à ceux encore qui disent *saltando balando*. Les mos qui restent sont d'autant plus faciles, qu'on ne les change iamais, & qu'ils accompagnent & modifient simplement le verbe; c'est pourquoy on les appelle ADVERBES: qu'on divise differemment, selon qu'ils signifient ou la quantité ou la qualité ou le lieu, &c. beaucoup, prudemment, où. Ceux qui ne sont pas seulement immuables mais preposez aux autres mos reçoivent le nom de PRÉPOSITIONS ou inseparables, comme re; ou separables, comme de. On appelle ceux qui sont dans le Discours ou CONJONCTIONS s'ils le ioignent, ou INTERIECTIONS s'ils le separent & qu'ils marquent les passions de l'ame c. ho-ho, helas: Les Latins raportent plusieurs sortes de Conjonctions, qu'ils nomment copulativés, disjonctives, adversatives, illatives, causales, expletives, ou surnumeraires. Et, ou, encoreque, donq, parceque, *quidem* certes. Apres avoir consideré les mos ou les dictions separément, il faut les considerer ensemble & en apprendre la CONSTRVCTION qui reçoit encore le nom de Syntaxe, & qui est ou Simple & conforme aux Regles, ou Figurée & contraire aux regles, du moins aux regles ordinaires. La Syntaxe simple est ou de Convenance, ou de Regime. Celle de Convenance c'est par exemple, lors que le Nominatif s'accorde avec le verbe en nombre & en personne; & le Substantif avéque l'Adjectif en nombre, en genre & en cas c. Socrate savant. Dans la Syntaxe de Regime un mot est la cause de la variation d'un autre mot, c. la Philosophie d'Epicure ne luy est pas honteuse. Mais cette sorte de Syntaxe ne dépend pas tant de la raison, que de l'usage, ou du peuple mémes, qui est le maitre de l'usage & qui pour avoir plus de tétes n'a pas quelquefois plus c sens. C'est une des raisons pourquoy l'on a souhaité, que les Philosophes trouvassent une Langue Vniverselle, &

qu'ils choisissent premierement des sons soit simples ou composés; puis à l'exemple des Arithmeticiens qu'ils choisissent encore des Caracteres signifians a chacun les choses & les rapos des choses. La Syntaxe Figurée, que quelques-uns jugent qui excuse les fautes est contraire ou a la Convenance, comme Letres Royaux, il est certaines gens; ou au Regime cóme dans la Figure appellée apparance de Solœcisme, lors par exemple que l'on dit aller en Babylone, ou à l'ordre comme ce qu'on appelle Hyperbate & Renversement; ou à la breveté comme le Pleonasme c'est à dire la superfluité & la Surabondance; ou à la clarté comme l'Ellipse qu'on explique Deffaut, & la Syllepse qu'on appelle encore Conception. Voicy les exemples de ces deux dernieres figures. Vous me commanderez ce qu'il vous plaira, où l'on sous-entend, me commander. Et quand on dit, Monsieur vous étes déia savant. Ce savant ne s'acorde pas avéque les mos, vous & étes qui sont pluriels, mais aveq quiconque est alors l'obiet de nôtre pensée, ou plurôt aveq nôtre pensée méme. Les mos lors qu'ils sont assemblez confondroient indubitablement celuy qui les liroit, si on ne les avoit distinguez par les Accens & par le reste de ce qu'on appelle Ponctvation. Les Accens, qu'on marque tous sur les Voyelles sont trois. L'Aigu mounte de gauche à droit & éleve la syllabe comme bonté, le Grave l'abaisse & descend de droit à gauche, comme il est la. Le Circonflexe est composé des deux precedens & allonge la prononciation, qu'il éleve & qu'il abaisse successivement comme age. On met donq les Accens pour distinguer les mos, pour les prononcer & pour en marquer la Quantité; ce qui paroît encore dans les suivans exemples: Hôte, Páris; ó edo ie meurs, occid ie tuë, Portá par le Poëte, Deúm des Dieux, ergó à cause, actté dettlás dettissuré. Mais cet accent aigu dans la periode est changé en grave. Outre les Accens on se sert aujourd'hui de points, de lignes, de points ensemble & de lignes. Le Point est la plus grande de toutes les distinctions, suivent les deux Points, marquez l'un sur l'autre & appellez Colon. S'ils sont marquez l'un à costé de l'autre, on les nomme Dierese, parce qu'ils separent la voyelle sur laquelle ils sont, de l'autre qui la precede, e. païs. Les petites lignes qui servent à la ponctuation sont ou droites ou courbes. Dans la Grammaire une ligne droite & couchée reçoit le nom de Division & marque qu'un mot est ou demi-écrit comme il arrive quelquefois à la fin des lignes, ou composé, comme contrepied. La ligne courbe est ou une Apostrophe qu'on met au dessus d'un mot, & qu'on prend pour un signe d'élision e. i'ay été dans la Grand' Bretagne: ou la Virgule, que l'on nomme encore Comma, que l'on prend pour la moindre de toutes les distinctions, enfin que l'on met apres & sous un mot. La Parenthese contient deux Virgules, ou plûtost deux Demicercles () qui renferment séparément quelque sens. Le poinct Admiratif! a sur luy une ligne droite. & l'Interrogant? une courbe. Semicolon; est encore une ligne courbe, mais marquée sous un poinct, & servant aux distinctions moindres que les deux poincts, & plus grandes que la Virgule seule. On voit par ces choses que le poinct finit la periode, dont les deux poincts distinguent les membres, comme le Poinct & la Virgule aveq la Virgule seule en distinguent les autres plus petites parties. Ie veux ajouster quelques Remarqves que je croy propres à ce lieu. La premiere est, que les Anciens avoient sur nous cét incomparable avantage, qu'ils apprenoient de leurs nourrices les paroles, comme de leurs Maîtres ils apprenoient seulement les choses. Pour apporter donq quelque remede à nôtre malheur, ou du moins pour ne l'accroître point, nous ne devons ni embrasser nôtre esprit par une multitude de langues, ni comme il arrive ordinairement, savoir d'autant moins de choses que nous aurons appris plus de mos, & que par exemple nous pourrons dire de la boüe & des fétus en plus de Langues Orientales ou Occidentales. La Françoise & la Latine dépendent veritablement des autres, qui les ont precedées: mais à parler absolument, elles n'en dépendent, que pour quelques dérivations faciles, & peu ou point necessaires. La deuxiéme remarque est, que pour savoir une langue, il en faut apprendre les Preceptes, les Mos & l'Elegance. Si ces preceptes sont faciles, generaux, & donnez seulement par des exemples, on les appelle Rudimens. Sinon on les appelle Regles, qui contiennent la Variation, la Construction & la Prononciation des parties du discours. Sur quoy j'avoüe qu'on nous doit d'abord expliquer par la langue que nous entendons, les autres que nous n'entendons pas: Et c'est être ridicule de supposer que par exemple, devant les premiers Elemens de la langue Latine, on l'a fait: Aux commençans il n'en faut parler qu'en François; mais il est souvent utile de l'expliquer aux autres par elle-méme: Et les trois choses, que ce qu'on appelle savoir contient, entendre, retenir, dire, ne dépendent pas toûjours de la langue naturelle à chacun. Ce sont les raisons qui m'ont obligé de parler du Latin en Latin, & en vers méme, pour empescher l'oubly & le changemét. I'ajoûte que ces vers, comme ceux du commencement, & de plusieurs autres endroits auroient tous esté de ma façon, sans quelques-unes des personnes, dont ie tâcheray de rendre le souvenir immortel, si les ouvrages qu'ils me donnent le moyen de publier peuvent resister au temps & à l'envie. Elles me dirent que ie faisois ce qui étoit fait, & que devant moy d'autres s'estoient occupez au même travail: mais que ie pouvois aller dans leur chemin, sans marcher toûjours sur leurs traces. On aquiert une plus parfaite connoissance des Preceptes dehors que dedans les preceptes. Il faut donq faire succeder les mos qu'on apprend necessairement, ou par un long & difficile usage, ou par un ordre facile & abbregé: non pas neanmoins par vn ordre alphabetique qui confond souvent la memoire, plutost qu'il ne la soulage; mais par la suite des choses mémes, & principalement par la reduction des mos dérivez aux primitifs. L'Elegance est encore plus longue que ni les mos ni les preceptes. A la fin neanmoins on peut l'acquerir, ou par les frequentes versions de la langue qu'on sait, & de celle qu'on veut apprendre, ou par les observations exactes qu'on doit faire sur les meilleurs Auteurs. Mais il faut pour cela méler differentes études, tâcher de savoir les paroles & les choses, & ne flatter ni son ignorance, ni sa paresse, sur ce que la diversité des objets diminuë la force de l'attention à les considerer mémes en divers temps. Dans la troisiéme & la derniere remarque, ie veux avertir tous ceux qui commencent l'étude d'une langue: qu'apres avoir exercé durant quelques jours, ou leur jugement, ou leur memoire dans les principaux endroits de la Grammaire, ils passent d'abord à la traduction, & à tout ce qu'on appelle usage: qu'ils s'instruisent par les fautes mémes, & qu'enfin ils ne s'estonnent point d'une obscurité, qui decroit presqu'aussi-tôt qu'elle commence, & peu apres cesse entierement.

FIN.

GRAMMAIRE LATINE.
PAR · I. DV ROVRE.
RVDIMENS.

LES NOMS. Il y a 5. Declinaisons que l'on distingue principalement par le genitif singulier. Le genitif pluriel Latin est toûjours terminé en *um*. Le nominatif, vocatif & accusatif pluriels sont les mesmes dans les trois dernieres declinaisons: La 3. & la 5. les a en *es*, & la 4. en *us*. Dans toutes les declinaisons, lors que l'ac. sing. soit masculin ou feminin est terminé en *m* le plur. change cette *m* en *s*. Les adjectifs qui ont trois terminaisons sont de la 2. declinaison pour le masculin & le neutre, côme *bonus bonum* bon, *niger nigrum* noir; & de la premiere pour le feminin, *bona*, *nigra*. Les adjectifs qui ont seulement une ou deux terminaisons sont de la 3. declinaison, comme *sapiens sapientis*, sage, *præceps præcipitis*, qui se precipite: *Iners inertis* paresseux, *felix felicis* heureux. *Omnis omne* tout toute. *Fortior fortius* plus fort. *Acer acris acre* est encore de la 3. Les François expriment tous les cas Latins seulement par trois, ausquels servent ces particules. Nominatif, vocatif & accusatif singuliers, *le la, un une*. Souvent mesme ces cas sont mis sans article, comme Roy, Philippe. Pour *un & une*, on ne s'en sert pas au vocatif; mais quelquefois on met devant luy ô comme ô Dieu. Genitif & ablatif *du, de l', de la*; on exprime encore l'ablatif par ces mots, *aueq, par*. Datif *au, à l', à la*. Les trois cas pluriels sont *les, des, aux*. De & à servent indifferemment au genitif & au datif des deux nombres. On peut voir les autres remarques pour faciliter les declinaisons au commencement des regles des mesmes declinaisons. Enfin on peut voir les choses que ie traite en peu de mots, écrites ou imprimées plus au long.

Table des Declinaisons.		*Vers contenant les Declinaisons aueq quelques exemples.*
Singulier.	**Pluriel.**	
N.V.g. d. ac. ab.	*N.V. g. d & abl. acc.*	
I. A. Æ. æ. am. a.	æ. arum. is. as.	La premiere est *Musa*. Pour en savoir les cas, Souuien-toy d'*a*. *æ*. *am*, & d'*æ arum is as*.
II. *. i. O. um. o.	i. orum. is. os.	Remarque qu'*i*, *o*, *um* composent la seconde, Puis *i, orum, is, os*, témoin *Mundus* le monde.
III. *. is. i. em *im. e i*.	ES um. *ium* ibus. es.	L'on fait d'*is, i, em, e*, la troisiéme en *Virtus* Et semblables, à qui l'on donne *es, um, ibus*.
IV. VS. us. ui. um. u.	VS. uum. ibus. us.	Le triple *us* prend *üi*, puis *um, u* pour partage, Ioint *us, uum, ibus*, comme en *vultus* visage. *Es, ei* fait *em, e*; par exemple *fides*.
V. Es EI. ei. em. e.	ES. erum. ebus. es.	Donne *es, erum, ebus* à ces deux *dies res*.

LES PRONONS. Il y a 9. Pronoms, *Ego* moy, *Tu* toy. *Sui* de soy, *Is* & *Ille* celuy-là. *Hic* & *iste*, celuy-cy. *Ipse* luy-mesme, ou ... mesme. *Quis, qui* qui lequel. Les trois premiers sont substantifs, & substantifs de tout genre: les autres sont adjectifs. Les 2. premiers ont l'accus. & l'abl. singuliers sêblables, & le nomin. & l'ac. pluriels. *Sui* n'a point de nomin. & il est de tout nôbre. *Tu* est le seul des Pronoms qui a un vocatif. On les decline ainsi. Sing. *Ego, mei, mihi, me. Tu, sui, tibi, se.* Pluriel. *Nos, nostrû*, ou *nostri nobis. Vos vestrû* ou *vestri vobis.* G. *Sui.* d. *sibi*, ac. & abl *se* N.S. *Hic, hæc, hoc,* g. *Hui*, d. *huic*, ac *hunc, hanc, hoc.* Abl. *hoc, hac, hoc.* N.S. *Is, ea, id.* g. *eius.* D. *ei*; acc. *eum, eam, id.* Abl. *Eo, ea, eo.* Plur. *hi, hæ, hæc,* & *ij, eæ, ea, eorum, earum, eorum.* d. & abl. *eis* ou *üs*, &c. comme dans la secôde & dâs la premiere declinaison: Que suivêt encore *Ille iste* & *ipse*, formât tous leurs cas côme *Dominus musa templum*; excepté 1. le genit. qui est en *ius*. & le datif en *i*. 2. le neutre genre singulier, d'*ille* & d'*iste*, qui est *illud* & *istud*, côme le neutre genre du nom *alius* autre, est encore *aliud*. N.S. *Quis qui, qua qua, quod quid,* g. *cuius* d. *cui*. acc. *quem, quam, quod quid.* Abl. *quo quâ quo*, ou *qui*

A

N. Pl. *Qui quæ quæ, g. quorum quarum quorum* d & abl. *quibus* ou *queis*, ac. *quos quas quæ* ou *quæ*

Les Pronoms composez sont declinez comme les simples, en mettant devant ou apres les syl-labes qu'ils adjoûtent. *Egomet, meimet* moy-même, *Hicce huiusce* celuy-cy. *Idem eadem idem eiusdem &c.* le même. *Aliquis aliqua aliquod* ou *aliquid* quelqu'un, *ecquis* qui est-ce, &c. *quicumque quæcumque quodcumque* quiconque. *quid....quæ...quod...* ou *quid..dam..libet..vis, quis... quæ...quod* ou *quid..nam..quam...piam...quæ. Quisquis quidquid. Vnusquisque Ecquisnam.*

LES VERBES REGVLIERS sont de quatre conjugaisons que l'on connoist par la penultiéme de l'infinitif actif. 1. *are* 2. *ere* long. 3. *ere* bref 4. *ire. amare monere legere audire.* Les verbes François sont encore de quatre conjugaisons, aimer, avertir, voir, connoître.

Terminaisons actiues, premieres personnes singulieres.

<table>
<tr><td colspan="2" align="center">Indicatif.</td><td colspan="2" align="center">Subiunctif.</td></tr>
<tr><td>Present amO i'aime</td><td></td><td>amEM pour la premiere, & AM pour les autres, que i'aime.</td><td></td></tr>
<tr><td>Imparfait amaBAM i'aimois.</td><td></td><td></td><td></td></tr>
<tr><td>Parfait amavI i'aimay ou i'ay aimé.</td><td></td><td>amaREM que i'aimasse ou i'aimerois.</td><td></td></tr>
<tr><td>Plusqueparfait, amavERAM, i'avois aimé.</td><td></td><td>amavERIM que i'aye aimé.</td><td></td></tr>
<tr><td>Futur, amaBO, i'aimeray, ou pour la troisiéme & pour la quatriéme côjug. Am. legam audiam.</td><td></td><td>amavISSEM que i'eusse ou i'aurois aimé.
amavERO quand i'auray aimé.</td><td></td></tr>
</table>

Les autres personnes du singulier & du pluriel nombre. Remarquez que pour former la 2. per-sonne on change *O* en *is*, & s'il y a un *i* devât on l'ôte, *audio* i'écoute, *audis* tu écoutes. Neantmoins l'*O* du present dans la premiere coniugaison est changée en *as*, *amo amas*: & dans la seconde en *s moneo mones*. Remarquez 2. qu'on change *m*. en *s amem* que i'aime, *ames* que tu aimes, & au futur *m* en *s. legam* ie liray, *leges* tu liras, *audiam* i'écouteray, *audies* tu écouteras. Mais cette secôde personne singuliere est ordinairemêt exprimée en François par la seconde plurielle, vous aimez, vous écouterez, vous estes écouté, ou écoutée, &c. Les pronoms François dont nous nous ser-vons en la conjugaison des verbes sont : Ie, tu, il *ou* elle, nous vous, ils *ou* elles. Remarquez 3. que la lettre *I*. qui termine icy le seul Preterit parfait est changée en *isti*. Les autres personnes ont les terminaisons suivantes *as at, amus atis ant. es et, emus etis ent. is it, imus itis unt* pour l'indicatif & *int*, pour le subjonctif *isti it imus istis erunt* ou *ere*.

Imperatif singulier 2. personne *amA* aime : la 2. & la 3. coniugaison ont *E. monE. legE.* Et la 4. *I. audI*, dont la raison est que cette personne est formée de l'infinitif en ostant *re* : 2. & 3. personne *amaTo* aime ou qu'il aime. Pluriel *amaTE* ou *amaTOTE* aimez, *amaNTO* qu'ils aiment. Cette 3. personne est formée de sa semblable du present de l'indicatif en adjoustant *O*.

Infinitif present. *amaRE* aimer. Preterit *amavISSE* auoir aimé. Futur *amatVM IRE* ou *amatVRVM ESSE* devoir aimer. Gerondifs *amanDI* d'aimer ou d'estre aimé, *amanDO* en aimant, ou en étant aimé, *amanDVm* pour aimer ou pour estre aimé. Supins *amatVM* pour aimer ou pour être aimé, *amatV* d'aimer ou d'être aimé. Participe du temps present *amaNS ...ntis* qui aime ou aimant. Participe du futur *amatVRVS.. A.. VM* qui aimera ou qui doit aimer.

Vers contenant les terminaisons actiues des Verbes.

<table>
<tr><td colspan="2" align="center">Indicatif.</td><td colspan="2" align="center">Imperatif.</td></tr>
<tr><td>*O* i'aime. *BAM* i'aimois, *I* i'ay aimé i'aimay.</td><td></td><td>*A. E. I.* Ioint *TO* font la seconde personne,</td><td></td></tr>
<tr><td>*ERAM* i'avois aimé, *BO. AMES* i'aimeray.</td><td></td><td>Ioints encor *TE TOTE* ; *TO* puis *NTO* l'autre donne.</td><td></td></tr>
<tr><td colspan="2" align="center">Subionctif.</td><td colspan="2" align="center">Infinitif.</td></tr>
<tr><td>*Amo* veut, *EM* que i'aime, ailleurs *am* prend sa place,</td><td></td><td>Aimer en Latin *RE*, avoir aimé *ISSE*,</td><td></td></tr>
<tr><td>Tous les verbes ont *REM* pour i'aimerois, i'aimasse.</td><td></td><td>*VM IRE* l'immuable avec *VRVM ESSE*, Marque devoir aimer. Qui fait la voix active</td><td></td></tr>
<tr><td>Ces syllabes, *ERIM* marquent que i'aye aimé.</td><td></td><td>Des Supins Gerondifs fait encor la passive.</td><td></td></tr>
<tr><td>*ISSEM* i'eusse ou i'aurois. *ERO* i'auray aimé.</td><td></td><td>Apprens donq ces cinq mots, *VM V*, puis *DI DO DVM.*</td><td></td></tr>
<tr><td></td><td></td><td>Les Participes sont *NS, VRVS A VM.*</td><td></td></tr>
</table>

Remarquez pour la formation generale des temps qu'ils dépendent tous du Preterit, de l'indicatif, du Supin & dn present de l'infinitif actifs. Si l'on change l'*I* du preterit en *eram, erim, ero, issem, isse,* on forme les temps qui ont ces terminaisons. Du supin on forme le participe passif du preterit, comme d'*amatum amatus:* On en forme encore le futur actif *amaturus.* Enfin de l'infinitif actif on forme tous les autres temps, ou en ôtant la derniere syllabe, comme d'*amare, ama.* Ou en la changeant en *bam ebam amabam audiebam,* &c. Quelquefois mesme on en change la derniere ensemble, & la penultiéme, comme lors que d'*amare* on fait *amo :* Si l'on ne veut pas plûtost d'*amo* faire *amare,* & de *capio capere.*

Terminaisons passiues

Les premieres personnes singulieres du verbe passif sont formées de celles de l'actif, en adioustant à l'*o* un *r,* ou en changeant l'*m* en un *r.* Mais pour tous les preterits parfaits & plus que parfaits, & pour le futur du subionctif, on se sert du participe & du verbe *sum es est.*

Premieres personnes singulieres.

Indicatif.	Subionctif.
Pres. *amOR* ie suis aimé,	*AmER,* & pour la 2. la 3. & la 4. coniug. *AR* que ie sois aimé.
Imp. *amaBAR* i'estois aimé.	
Parf. *amatVS SVM* ou *FVI* i'ay esté aymé, ou ie fus aimé.	*amaRER* que ie fusse ou que ie serois aimé.
	amatVS SIM ou *FVERIM* que i'aïe esté aimé.
Plusqueparf. *amatVS ERAM* ou *FVE-RAM* i'avois esté aimé. [seray aimé.	*amatVS ESSEM* ou *FVISSEM* que i'eusse ou i'aurois esté aimé.
Fut. *amaBOR* & pour la 3. & la 4. conjug. *AR* ie	*amatVS ERO* ou *FVERO* i'auray esté aimé.

Pour les autres personnes du singulier & du pluriel nombre; Remarquez qu'on forme les 2. personnes singulieres en adioustant *is* à l'*r* finale de la premiere personne. Exceptez le present de l'Indicatif, où la premiere change *or* en *aris,* la 2. & la 4. en *ris ;* la 3. en *eris* bref: Et s'il y a un 1. on l'ôte, *legor legeris, capior caperis.* Toutes les autres personnes sont contenuës dans les terminaisons suivantes. *Aris* ou *are atur, amur amini antur. eris* ou *ere etur, emur emini entur. eris* ou *ere itur, imur imini untur,* ou *iuntur* pour les verbes en *ior. iris* ou *ire itur imur imini iuntur.* L'IMPeratif passif a pour 2. personne singuliere l'inf. actif *amaRE* sois aimé, ou fais que tu sois aimé. Cette 2. personne est encore la mesme que la 3. *amaTOR* qu'il soit aimé. Pluriel *amaMINI* soyez aimez, *amaNTOR* qu'ils soient aimez. INfinitif pres. *amaRI* estre aimé. Preterit *amatVM ESSE* ou *FVISSE* auoir esté aimé. Futur *amatVM IRI* devoir esté aimé. Participe du preterit *amatVS, A, VM* aimé ou aimée. Participe du futur *amanDVS, DA, DVM,* qui sera ou qui doit estre aimé ou aimée. Remarquez que le verbe deponant a trois participes *sequens* suivant, *sequutus* qui a suivy, *sequuturus* qui suivra, & quelquefois un 4. *sequendus* qui sera ou qui doit estre suivy. Le verbe commun & quelquefois le neutre mesme ont tous ces 4. participes *criminor* i'accuse ou ie suis accusé, *criminans* accusant, *criminatus* qui a accusé ou qui a esté accusé, *criminaturus* devant accuser, *criminandus* devant estre accusé, *placeo, placens, placiturus, placitus, placendus :* où l'on voit que les participes en *ns* & en *rus* sont tousiours actifs, & celuy en *dus* tousiours passif. *Pœnitet* ie me repens est presque le seul verbe impersonnel qui ait des participes, *pœnitens* se repentant, *pœnitendus* dont on doit se repentir.

Vers contenant les terminaisons passiues des Verbes.

Indicatif & Subjonctif.	Imperatif.
Adiouste un *r* à l'*o,* change l'*m* en un *r.*	La maniere passive est l'infinie pure
Car d'*amo* vient *amor,* comme d'*amem amer.*	Qu'on avoit en l'actif, par exemple *amare,*
Ce temps *us sum fui* marque la chose faite,	On dit semblablement *tor* au lieu de ce *re.*
Vs eram fueram la chose plus que faite.	Mais *tor* exprime aussi la troisiéme personne,
Pour *us sim fuerim,* c'est i'aye esté aimé,	Par ces mots *mini, ntor* à plusieurs on ordonne.
Vs essem fuissem i'eusse ou l'aurois esté,	Infinitif.
Vs ero fuero veut la chose future.	*Vm esse fuisse* suit le temps present *I.*
	Vs atum ; dus da dum le futur *um iri.*

LES VERBES IRREGVLIERS sont ceux, qu'on ne conjugue pas comme les quatre precedens. Pour les apprendre il ne faut que remarquer les temps & les personnes où ils sont

4

differens des autres. Les Grammairiens rapportent tous ces verbes à six. *Sum, fio, eo, volo, fero, edo. Sum* ie suis. Ind. Pref. *Sum es eft, fumus eftis funt. Erã* i'étois, *eras,* &c. Parf. *fui* ie fus où i'ay efté, *fuifti fuit,* &c. Plufq. *fueram* i'avois efté, *as at,* &c. Fut. *ero* ie feray, *eris erit,* &c. Subj. Pref. *fim is it* ie fois, &c. Imparf. *effem* ie fuffe ou le ferois. Parf. *fuerim* i'aye été plufque p. *fuiffem* i'euffe ou i'aurois été. Fut. *fuero* ... quand i'auray efté. Imperat. *es* ou *efto* fois, *efto* qu'il foit, *efte eftote* foyez, *funto* qu'ils foient. Inf. Pref. *effe* eftre, *fuiffe* avoir efté. Fut. *fore* ou *futurum effe* devoir eftre. Partic. *futurus a um* qui fera ou qui doit eftre. *Poffum* qui vient de *potis fum,* & qui fignifie ie puis, eft conjugué comme *fum.* Il prend vn *t,* & devant les voyelles *poffum potes poteft poffumus poteftis poffunt,* & dans le preterit *potui* i'ay pû. Il prend vn *f* devant vne autre *f,* & dans l'imparf. du fubj. *poffem* ie peuffe ou ie pourrois. Il n'a ny imperat. ny futur de l'inf. *Profum* ie fuis vtile, pour adoucir core la prononciation, prend vn *d* devant les voyelles, *profum prodes prodeft. FIO factus fum fieri* devenir eft cojugué comme *audio,* exceptez l'Imperat. les Gerond. & le Participe prefent qu'il n'a point. *EO* ie vay. Ind. pref. *eo is it, imus itis eunt. Ibam ivi iveram ibo ...,* Subi. *eam eas,* &c. *Irem iverim iviffem ivero ...* Imperat. *I. ito. Ite itote, eunto.* Inf. *ire iviffe iturum effe .., eundi.. do..dum. iens euntis, iturus ... a.. um. VOLO* ie veux. Ind. pref. *volo vis vult volumus vultis volunt. Volebam volui voluerã volam.* Subi. *velim is it,* &c. *Vellem es et,* &c. *Voluerim voluiffem voluero.* Au lieu de l'Imperat. qu'il n'a point, on dit *velis* ou *fac velis.* Inf. *velle voluiffe volens.* Ses compofez font *nolo* ie ne veux pas, *malo* i'aime mieux : comme fi l'on difoit *non volo* & *magis volo.* On les coniugue de la mefme façon que luy. *Nolo non vis non vult, nolumus non vultis nolunt. Malo mavis mavult, malumus mavultis malunt,* &c. *Malo* n'a point d'imperat. Celuy de *nolo* eft *noli nolito nolite. FERO* ie porte. Ses temps irreguliers font *fero fers fert ferimus fertis ferunt. Tuli* i'ay porté. Imperat. *fer ferto, ferte ferote fetunto.* Subi. Imparf. *ferrem.* Inf. *ferre.* Supin *latum.* Au paffif il a *feror ferris* ou *ferre fertur ferimur ferimini feruntur,* &c. *EDO* ie mange eft coniugué côme *lego,* excepté les temps formez irregulierement, & comme par fyncope *edo es eft.* Imperat. *es* ou *efto.* Subi. *effem effes,* &c. Inf. *effe. Comedo & exedo* font coniuguez comme *edo.* Au paffif on dit encore *eftur* on mange, pour *editur.* Et *comeftum* pour *comefum.*

LES VERBES DEFECTVEVX n'ont que fort peu de téps, où mefme fort peu de perfonnes, côme *Aio* ie dis *ais ait, aiunt. Aiebam bas bat,* &c. *Aifti aias aiat.* Imper. *ai. Aiens. Inq.ī,* dis-ie, *inquis, inquit. Inquimus inquiunt. Inquiebat inquiebant, inquifti inquies inquiet, Inque* ou *inquito, inquiens. Ave* ou *falve* bon iour ... *eto ... ete.. etote.. ere.* On coniugue de la mefme façon, *vale* adieu. *Apage apagite* retirez fi. *Aufim is it* i'oferoy. *Faxim* que ie faffe *is it, itis int. Faxo* pour *fecero* infit il dit. *& defit* il manque, *defieri. Ovat* il fe réjouit, *ovans antis. Cedo* dites ou donnez. *Forem* ie fuffe ou ie ferois *es et ent. fore* devoir eftre : On conjugue de la mefme forte fes compofez, *afforem deforem. Quæfo* ie prie, *quæfumus.* Les verbes imperfonnels n'ont que les troifiémes terminaifons actives ou paffives. *Oportet* il faut, *oportebat oportuit, &c. oportere oportuiffe. Amatur* on aime, *amabatur, amatum eft* ou *fuit.*

FIN DES RVDIMENS.

REGVLÆ.

DE GENERIBVS NOMINVM.

Cujus sit generis vox significatio produnt
Finisque, huic nonnunquā significatio cedit.

Regula ex significatione.

MASculei generis mas esto, Fœmina contrà
Fœminei. Sexum quæ dictio claudit utrumque,
Optat utrumq; genus. Sed dictio mobilis omne.
Cum vox communis propriæ sit regula, menses
Masculeos facies, ventos, montes fluviósque
Atque assem, quia nummum; tum assi, composita addes
Ac partes assis, se sola hinc uncia demit.
Insula fœminea est, regio, urbs cum nave poësis.
Atq; arbor; maribus tamē additur arbor in aster,
Vna cū spino dumo: Hæc aliquandò rubus vult.
Fiat acer neutrum siler, & cum subere robur.
Vox se significans, indeclinatáve neutra est.

Regula ex terminatione.

MAScula pluralis quæcunque exibit in 1. vox;
Fœminea æ diphtongus, Neutrum ponitor e a.
Nunc verò numeri quod spectat nomina primi,
Mascula sunto o, n, er, or, iungetur & as, quod
Rarò prima dabit tibi declinatio, quódque
Tertia flectet in as antis. Cum nomine in os, est
Masculeum, quoque quod finitur in us; modò Græci
Fœmineo ne dent generi, Latiúmque secundæ
Aut quartę tribuat græcā es, quam tertia vocem
Primáve declinat, pariter sit mascula ; ut & pes,
Vtq; ortū à poûs, vox in nis, dissyllaba in ax ex.
PRImæ a vel e, quęq; à verbo seu nomine ducta
Dant io; quæ pariter plusquā dissyllaba sunt, do
Aut go finita ; & quæ tertia terminat in s,
Aut x ; fœminea efficies : ut nomina quintæ.
SVNT a e quæ tibi declinatio tertia flectet
Neutra ; velut c & l, m, t, cum men ar atque ur,
Er quoq; fructus vel pláta, us ris habēs genitivo.
Ou facies etiā neutrū, quodcunque secundæ est.

Exceptiones.

MASCVLEVS vult esse cometa, planetáque,
mugil.

Pugio hymē delphis sol harpago & unio pollis.
Ternio ut & socij, vultur turtúrque sa'árque
Et furfur paries palmes, cum stipite limes,
Et fomes trames, termes cum gurgite, cespes
Ac poples vectis piscis, glis sanguis & ensis:
Sic fustis postis fascis, vermis lapis vnguis,
Et collis follis, sic callis vomis & axis
Sic mensis torris, sic caulis colis & orbis
Et cucumis vepris, *pro reti* cassis, aqualis,
Mus sentis phœnix coccyx, lepus atque rudens
    dens.
Hydrops atque calyx, fons, pons, mons, cum
    grege fornix,
Bombyx *vermis,* orix, urpix, spadixque calixque.
EST caro fœminei generis grádóque vt & echo
Alcyoni adde icon & aedon, adde chelidon
Et Sindon; arbor linter, cos dos, humus alvus,
Vannus, acus quartæ ; tellus manus idus.
Carbasus & colus atque tribus, domus atque
    lagopus,
Porticus & ficus *pomum.* Laus iungitur & fraus
Et fornax, halex, forfex. SVNT cum inguine
    neutra
Vnguen gluten iter, spinter, ver atque cadaver,
Vber ador cor & æquor marmor ; epos melos
    os os.
Æs chaos, & vas vasis habens; virus pelagúsque.
Iūge solœcophanes atq; hippomanes, cacoethes,
Artocreas & erysipelas, indictáque quædam.
SVnt varij hæc generis. Nam sal cum vulgus
    hic hoc vult:
At cum fine dies hic hæc, & cum scrobe clunis,
Torquis cenchris adeps, grossus penus atque
    phaselus.
Ponitur & specus hic aut hæc, limáxq; siléxque,
Stirps *truncus,* tradux. Meliùs dat hic anguis
Et cortex, pumex, imbrex, calx atque palumbes.
Hęc meliꝰ grus est & onix, linx, talpáque sandix
Et perdix dama & serpens. Generi tuber omni
Attribuunt, varia ut fert significatio vocis.

DE NOMINVM DECLINATIONIBVS.

QVEM simplex flexū hunc & compositum
    optat euntem;
Excepto exsanguis, reliquisque aliquot. Variatur
Rectus uterque in cōpositis. Vocē alter habebit

Indeclinatam alteruter. Ternos similes fac
In neutris casus, nempe hos, qui nominat & qui
Aut vocat aut accusat : queis pluraliter esto A.
Sunt alibi quoque cosimiles primi ambo; tamē s
Demendum Grecis. Dominus per e flectitur, illo
Cum reliquis paribus casu. Verū ô Deus, atque ô
Mercuri, us ablata proprio denomine, dices;
Mi quoq. cū Fili, atque geni. Semperq. dativos
Plurales sextis facies similes, is & bus.
A primo pendent casus omnes genitivo.
Accusativus numeri formare prioris
Vult sextum, sed si demetur litera m n.
Sic Circe à circen, domino sic à dominom fit.
Syncopa de medio removet quod epenthesis
    addit.   *Prima Declinatio.*

HOS quatuor prima optat declinatio fines:
Nimirum græcos tres, as es e, unum à Latinum.
Hîc casus edisces dissimiles reliquorum.
Vnus uter neuter solus, cumque ullus & alter
Atque alius, totus faciunt ius genitivo,
Ique dativo, pro quovis genere. Olim erat ai
Aut etiam as genitivo. Formant propria Græca
Accusativo am, atque an. Plurali ista dativo,
Filia nata Dea & liberta equa mula, duæ ambę:
Sæpè anima atque asina & socia & serva abus
    habebunt.   *Secunda Declinatio.*

QVÆ sequitur primam octo declinatio rectos
Accipiet: Tres Gręcos tantū, at quinque Latinos.
Hæc sunto exempla. Orpheus, Ilion, & Samos.
    Hisque
Addatur templum, dominus, satur & puer & vir.
Augebunt voces genitivum omnes in ir aut ur.
Presbyter & gener, adjectivum liber, adulter,
Gibber & orta gero fero, cū socer & puer exter
Prosper Iber tener & miser & lacer, asper
Dexter: in ambobus postremis syncopa fiet.
Observa Græcos casus hosce, Androgeo pro
Androgei, & pro Terei Tereos, Orpheon atque
Orphea, Cimmeriō. Observa hos quoque casus
Plurales in vocibus ambo duo, obus & os o.

    Tertia declinatio.

V, M demptis omnes declinatio fines
Tertia habet. Didus cū Pallados, Hectora, Troas
Sunt Græci casus. In à rectus tis genitivo
Iūget. At O iūget nis ut harpago & unedo: Multa
Dant inis ut finita in do vel go, generis si
Fœminei sint, & margo ordo & Apollo Cupido
nem homo, cū turbo cardo; sed vult caro carnis,
Additur s post c, d, l. Tamen exipitur lac
Quod lactis poteit. Mellis fellis geminant l.

Additur is quoque post n. Sed cū pectine flamen
Vox cen & en neutra accipiūt inis: ontis horizon
Græcorumque aliquot propria, ut Ctesiphon
    Ctesiphontis.
R. ris habet iuncto is, farris far, hepatis hepar.
In bris ber mutandū, in cris cer, térque Latinum
In tris. Sed Græcum, is duntaxat cū later addit.
Vult iter itineris, Iovis optat Iupiter, & cor
Cordis. Oris iecur atq; femur dāt robur eburque.
Nomen in as atis genitivo: Mascula Græca (cas,
Antis, adis reliqua accipiēt, vt & hęc Nomas Ar-
As assis volet; Hoc vas vasis, sed vadis hic vas,
Mas maris. Es mutatur in is, flectuntur in etis
Cū Græcis aliquot locuplésque quiésque Latina.
Præpes etis breve, cū teres interpres paries, dat;
Perpes hebes seges & teges atque aries abiésque.
Æs æris vult. Pubes atque ceres eris optant.
Pes dat edis, natum sedeo dat idis. Capit edis
Hæres cū merces: Præs prædis, bessis habet bes.
Fomes ames gurges cespes cum tramite poples
Et limes merges palmes, termésque tu.'ésque
Assumunt itis, & quæ communis generis sunt.
Is non mutatur. Sed cum promulsi de idis dant
Quatuor hæc capis & lapis, & cum cuspide cassis
Pro galeâ. Lis atque quiris dis, tis habebunt
Et Samnis. At eris poscent pulvísque cinísque.
Glis gliris, semis semissis, sanguinis edit
Sanguis. Sed per idis vel idos vel eos vel ios fit
Is gręcū: quædā ētis habēt. Charitis charis optat.
Nomen in os, otis; cum glos flos, os capit oris,
Ros, mosque; ossis os. Ois Thos Minos, ut &
    Heros
Ac Tros. Bos bovis, & custos custodis amabit.
Vult oris us, sed vult nomen quod cōparat oris.
Hæc eris exoptāt, vellus genus atque olus hulcus
Viscus acus neutrum, vulnus cū fœdere pōdus,
Funus opus glomº & rudus munúsque latúsque.
His & sydº onus scelus, his venus & vetus addes.
Vris habet tellus veluti monosyllaba. Grus sus
Dant iiis. Intercus dat utis. Nullo pecudis sit
Recto. Cum subscude incude, palus capit udis:
Vtis fœmineū reliquum. Græcorū loca quædam
Vntis habēt. Vt odis pus, sic laus frausq; dat audis
Ys vel yis vel ys aut ydis aut yos aut ydos optat.
I, ...bs... ps interponent genitivo:
Eper i mutabunt polysyllaba. Pultis habebit
Puls & hyems hyemis, capitis caput, aucupis
    auceps,
Occiput atque biceps cipitis, sic cætera flectes.
Ns, Rs amisso s, dant tis. Euntis

Ista, quiens & iens; Dis lens ovum, foliū frons.
Quod libra & pendo, quod cor faciet tibi nomē.
X mutandū in cis. Verum lex frux aquilex rex,
Grex remex coniux, cū Græcis pluribus in gis.
In chis mutandum mastix & onix, & in actis
Quedā ut hylax atq; Astianax. Polysyllaba vertūt
E per i. Deme resex vervex haléxq; aquiléxque
Et myrmex, cui fœnisecem narthecáque iunge.
Dic noctis senis & nivis, à nox atque senex, nix.
Ab veteri recto ctilis optat habere supellex.
Accusativo capiunt im tussis, amussis
Et cum vi buris sitis & tigris atque decussis.
Iunge ararim, Tiberim aut Tibrim, ravim atque
    securim
Iunge basi eclipsin, quæque in Grecanica poscūt.
Em dat & im clavis, sementis cum febre pelvis.
Et navis puppis turris, cum cannabe restis.
Substantiva vo'unt e priori nomina sexto.
Neutra per al vel ar aut e volūt i. Demitur hepar
Far, e poëtarum, nectar nar & iubar, & sal.
Principio lege, finem quem sexto esse necesse est
In reliquis, quibus auferri quit litera m n.
At capye excipe ut & mœotide, naphnide, bœte
Et Bœti, similésque. Arare offer restéque tantū.
At contra vecti tantùm, strigili atque canali.
I capiet quoque mensis in is finitus, & in ber.
I vel e vult avis & rus cùmque tridéte supellex.
Additur & civis velut ignis & amnis & unguis
Atque imber. Si mobilibus, neutrum per e fiat
Vt dulce, i sexto tantùm dant, cū memor & par.
I vel e dant reliqua. Hospes sospes, cum sene,
    pubes
Et pauper, iuvenísque, & participantia habent e
Si referas nusquā, ut præsenté videntéq; populo.
I sextus neutris ia dat pluralibus, æt quod
Comparat excipietur, ut & vetus, ac fermè plus.
Græca per ôn flectenda, aut certè aptáda Latinis.
Ab sexto i formatur ium, tamen excipe voces
Collatas, præter plus. Vm quoque habent ve-

tus uber
Primoris supplex velut & memor & pugil, Impos
Compos inops: Facio capio pes & genus orta,
Sic vigil & dives, consors cælebs cicur, ales.
Nomen in es aut is non crescens; Nomē in as vel
Mobile vel monosyllabō, addo nomē in is, quod
Vna etiam componit syllaba, Cósona ut & quod
Finit bina, modo hoc quoque sit monasyllabon,
    ut trabs,
Denique quod finit ns, nomen velut infans
Poscit ium, compages, ambagésque, struésque.
Excipies vates, iuvenis, strigilis, volucrísque,
Et canis & panis, linx & sphinx. Cumque opi-
    bus gryps.
Optat linter ium, venter fornax caro Samnis,
Atque Quiris, utres cor mus crux, párque co-
    hórsque,
Et dos cos sal lar faux nix nox, ortáque ab asse.
Adde pal°, adde os quod & ossiū & oriū habebit.
Festa leges per ibus, licet orum dent genitivis.
Tis omnis vox finita in ina frequentiùs optat.
Accusativus Græcis quandóque per ys fit,
Ablativus per sin. Erynnys hinc Dryasinque.

Quarta declinatio.

SIC genitivo olim, fructi domūisque metíque
Quarta dedit, quod desuetū immutabile primo
Nomen in u numero est. Iesus um tantùm ha-
    ber atque u.
Hæc ubus assumunt, artus partúsque dativo
Plurali, & trib° atque lacus specus, additur arcus.
Ista, genu atque veru & portus, vel ibus vel
    ubus dant.   *Quinta declinatio.*
E vel ii aut etiā es, olim velunt genitivus.
Quintæ: Nec raró e videas habuisse dativum.
Plurali hîc numero vix flectes nomina. Præter
Effigies species facies res, atque dies spes
Progenies. Sperum nusquā, spebúsque legūtur.
Quos etiam casus vix vnquam cætera formant.
Excipies duo communiss ma, nempè dies res.

DE COMPARATIONIBVS NOMINVM.

Comparativus gradus.

A Casu i. ut docti & sorti, quæ cōparat omnis
Fit vox. Deme sinisterior melior minor & pl°,
Ac peior maior... Dicus & ... ficus ent'or optant.
Iunior ut Iuvenis, sic nequam nequior edit.

Superl.

Er, rimus adiiciet sūmo gradui. Exter habebit,
Eximus, extremus. Citer insuetum citimus vult.
In reliquis casus i finitos ... ssimus auge i.

Excipe supremus postremus & infimus imus,
Maximus, optimus & minimus cū plurimus, adde
Pessim° intim° atque veterrim°. A ... dicus autē
Ac ... ficus efficies ... entissimus ... Vrrimus edet
Aut ... urissimus hæc vox maturus ... llimus istæ,
Nimirum similis gracilis, facilísque humilísque
Atque imbecillis, verū hæc etiā ... ssimus effert.
Vs si vocalis præeat, vix mobile crescet
Dictis ia gradibus: magis at vel maximè habebit.

Heterogenea.

TARTARVS hic & avernus, habent plura-
liter hæc. At
Sibilus & iocus hæc aut hi. Porrò loca dicunt
Atque loci; verùm nil quàm argumenta loci sūt.
Fœminei generis primo, sed neutra secundo
Sūt numeris duo nomina, carbasus atq: supellex.
Vt cælum cœli sic Elysum elysij : sed
I vel a cum rastrum, frœnum pluraliter optat.
Hæc tria deliciū atque epulū, cū balneū habēt æ,
Quanquam & repperias haud rarò balnea neu-
trum.

Heteroclita.

Iugerum habet primo i genitivo, iugera quāvis.
Tertia declinatio in um flectat. Domus aut us,
Aut i vult etiam genitivo. Vasis habet vas,
Vasáque vasorum pluraliter. à vis, vires
Sunt. Vîs pro vires priscos dixisse notandum.

Deficientia numero,

Quæ fructus terræ designant, quæque metalla,
Ætates, habitusque hominum pluralia vix sunt.
Nec mūdus, cestus decora aut pont9 limus æther
Aut fimus aut sopor & pudor & cum sanguine
nemo.
Pluralem poterit vocē ac numerū unus habere.
Fœminea hæc sitis & tabes, cūque indole tellus
Fama lues cholera & pubes prolésque bilísque.
Iunge salus & hum9, iūge & neutra ista barathrū,
Hir nihilum, sinū atq: salum, sel vulgus & hepar
Cūmque gelu virus nitrum letum chaos album,
Iustitium iubar & tabum, & cum glutine viscū.
Fascinum ebur siler & callum, meditulliū & pus,
Omnia plurali numero, cum vere carebunt.
Hæc contrà duntaxat erunt pluralia. Cani
Cancelli fasti atque fori, menses muliebres,
Adduntur lendes, maiores posteri & horti,
Natales & pugillares codiquecilli;
Et fasces antes lemures superi inferi & artus,
Manes & cum furfuribus ludi atque penates.
Fœminea hæc etiam sunt tantùm pluralia, cunæ
Gerræ apinæ tricæ, nugæ excubiæque
Nuptiæ & insidiæ, caulæ nonæ atquæ calendæ
Reliquiæ, diræ clitellæ indutiæ & idus,
Feriæ & inferiæ, exequiæ scopæ atque secundæ,
Partes primitiæque, manubiæ vindiciæque.
Quisquiliæ atq. minæ, thermæ phaleræ tenebræq.

Nundinæ opes valvæ, grates & literæ Athenæ.
Fœmineis neutra hæc præbenda, repotia iunges,
Et bona cum scrutis, cunabula cum paraphernis:
Et bellaria & arma crepundia lustra ferarum,
Adversaria vt & præcordia, prælia & exta,
Lautia iusta & munia, item sponsalia castra,
Mœnia cum brevibus magalia biblia & acta.

Deficientia casu.

OMnis in u. numero tantū varianda secundo est
Vox: at in i, numerúsq. etiā ipse ac litera, neutro.
Excipies unus duo tres & millia, quódque
Ex centum sit nomen; habes pro teste ducenti.
Sunt etiam indeclinata hæc, hir gausape pondo,
Et cœpe & tot quot, quib9 & sua cōposita addes:
Ac frit git, nequam & quædam propria, ut Che-
rubin Iob,
Tēpe. præneste, atque accepta vocabula pro se.

Monoptōta.

Casum vnū incita habēt aut as, dicis inficiasque.
Mancipi & ingratis, numeróque ambage priore,
Et crate, ac vox à modus & pronomine facta.

Diptōta.

Hæc rectū atq. vocativū tria, Iupiter exspes
Ac macti & macte. At genitivus verberis optat
Verbere, ut impetis & spōtis vult impete spōte.
Suppetiæ dant suppetias. Hi dant quoque rectī
Accusativum præsto atq necesse necessum,
Ac volupe. Astu quādoque, at vix dicitur astus.

Triptōta.

Nominat accusat vocat hoc spec9. Additur instar
Nil fas atq. nefas feminis femini & femine optat.
Iunge preci ista, precē prece : tantūdem tātidē.
A dica flecte dicam atque dicas. Tabi dato tabo.
Nominat atq: vocat siremps, sirempsēq: demit.

Tetraptōta.

Vis hujus vis, vult vim vi. Pecudis genitivus (vt
Vult pecudi, pecudē pecude. huic similis vicis est,
Primoris proceris. Ditio ablegatur ab omni
Vsu. Plus casu dandi caret atque vocandi,
Primos mesculeos casus duo, cætera non vult.

Pentaptōta.

Pax fax nex grates, fex lux pix solque salesque.
Mel fel atque vices labes ros, vix genitivum
Plurali formāt numero. His glos iungitur & pus.

Abundantia declinatione.

Pervarios quædam mutantur nomina fines,

DE VERBORVM PRÆTERITIS ET SVPINIS.

COMPOSITVM simpléxq: modo flectūtur eodē.
Quodsi præteriti geminetur syllaba, perdūt

Plurima quæ simplex componit verba, priorē
Vt cecidi recidi. Retinent præcurro repingo.

Quæque

Quæque sibi gignūt sto do & eam poscere disco;
His sæpe excurro, con, de, pro-curróque iunges.
Simplicis a si transit in i, natum inde supinum
Postulat e, tamē hanc legē in go verbū, habeóq:
Atque cado, statuo, salio, placeóque recusant.
Præterito quæcumque carent; hæc ipsa supino
Vt glisco & quæ post veniēt memorāda carebūt.

Prima Coniugatio.

Præteritis avi vult prima, atúmq. supinis,
Vt neco: Compositū necui nectumq; ferè vult
Dat cubo præteritū per ūi, per itúmq: supinum.
Vt cubo cōpositū quod in umbo est tertia flectit,
Atque ablato m cubui cubitúmque reponit.
Vult mico duntaxat micui: avi dimico & atum
Format. Sed plicui plicitū simplex plico, ut & vox
Cōposita ex illo, quæ avi quoq: format & atum.
Dant solùm avi atū quæ nomen cū plico gignit.
Vult fricui frictum frico, vult secui seco sectum.
Do cū compositis primæ atq: dedi atq: datū vult.
Dāt ūi itūq. crepo, veto, cū sono cū domo verbis
Et tono; habet lavi, lotum lautum atq. lauatum.
Vox formata ab stare stiti & statū atq. stitū. Sed
Simplex stare steti atque statum capiet: iuvo iuvi
At rarò iutum; Nil nexo cum labo poscent.

Secunda Coniugatio.

Præteritum per ūi per itúmq. secunda supinum
Efficit. Exemplū est moneo. Doctū doceo vult.
Cēseo vult cēsū, tostū vult torreo, sorbeo sorptū.
Sic teneo tentum format, sic misceo mistum.
Neutrum quod dat ūi timeóque carento supinis.
Excipies liceo placeo careo valeóque,
Pareóque & doleo, caleo iaceo noceóque
Et mereo. Studeo studui duntaxat habebit.
Sed placeo liceóque & ūi poscunt & itus sum.
Rauceo ūi format, sed rausi raucio rausum.
Di sū prædeo habet, video sedeo: hoc tamē effert
S gemino sessum. Solum dat strideo stridi.
Mordeo præteriti geminetur prima momordi
Morsum; flectuntur sic spódeo pendeo tondeo.
Præteritum finita veo vi, túmque supinum
Formant, ut moveo; cavi cautúmque cavere.
Vult faveo fautum: sed ferveo ferbui amabit.
Vi vel xi conniveo: Nil reliqua in veo neutra.
Si sum dat maneo, sed præmineo eminéoque
Promineo imminéoq. volūt minui absq. supino,
Rideo suadeo mulceo mulgeo & ardeo,
Tergeo & hæreo. Sed iussi iussum iubeo dat
Duplice f: formant indulgeo torqueo si tum.
Vrgeo si tantùm vult, fulgeo turgeo & algeo:
Xi tantùm quoque lugeo luceo, frigeo poscunt.

Augeo præterito facit auxi auctúmque supino.
A cieo civi atque citum venit, at cio quartæ est.
Deleo cum neo compositísque pleo capit evi
Atque etum; hos ipsos vieo capit & fleo fines.
Verùm oleo per ūi dat itū, quod nata sequentur
Si redolent patrē, reliqua evi etúque requirent.
At per itum flectes abolere, adolere per ultum.
Audeo vult ausus. Gavisus gaudeo poscet a
Et solitus soleo; solūi quandóque recepit.
Mœreo mœstus habet. Sed polleo, nil aveóque.

Tertia Coniugatio.

In licio verbum & spicio exi poscit & ectum:
Elicio elicui elicitum, sapui atque sapivi
Solùm dat sapio, facio feci indéque factum.
Dat ieci iactum, dat fodi f duplice fossum.
Ivi itum cupio, cœpi sine themate cœptum.
A capio est cepi captum, fugi fugitúmque
A fugio; à rapio rapui dein dicito raptum:
A pario peperi partum, sed dic pariturum.
Comperio quartam sociā cum prole sequetur.
A quatio est quassus, sed verbo composita illo
Dant cussi cussum. Meio minxi indéque mictum.

Vo Bo.

Poscit ui utum verbū ūo ut arguo, polluo: verùm
A ruo fit ruitum: sed utum ruo nata reposcent.
Dat xi ctúmque struo, sed fluxi dat fluo fluxum.
Nulla supina luo cluo, nulla pluo metuóque
Congruo, nata nuo vt renuo, ingruo respuo ha-
bebunt.
Bo finita dabunt bi, ut glubo bitúmque supino.
Quo scabo lābo carēt: dāt scribo nubóq. psi ptū.
Nubo præteritum hoc aliud sum nupta recepit.

Co Sco.

A duxi ductū, à dixi quoque dicito dictum
Vinco dat vici victúmque. Ici dat & ictum
Ico: Peperci optat parco aut parsi, adiice parsū.
Sco finita petunt vi tum, ceu nosco quiesco:
Agnosco cum cognosco vi format, itúmque.
Pasco dabit pastum. Conquexi non probat usus.
Vt disco didici tantùm: sic posco poposci
Optat, ūi compesco dispesco absque supino.
Nil ea quæ vulgo verba incœptiua vocantur:
Excipies quæ vera aut ūcta vocabula flectunt.

Do.

Do verte in di sum. Fundo cum findere scindo
N perdunt: geminant f findo & scindo supino.
Fido & compositum fisus dat, pandóque pandi
Ac passū & pansum; hinc dispansa expāsāq. vela.
Tundo facit tutudi tunsum, nata omnia tusum.
Quamquā verba didi poscāt à do orta ditūque:

Abscōdo tamē abscōdi atq. absconditū habebit.
Flecte cado cecidi casum : sed cædo cecidi
Ac cæsum, tensum vel tentum tendo tetendi.
Pendo pepēdi& pēsum, pedo pepedi & itū vult.
Confido confidi amat : ut strido rudo sido
Di quoq.amāt tātū.Sedeo ab sido orta sequūtur.
Hæc lædo ludo claudo , dant plaudóque si sum.
Ac rodo trudo nec non cum divido tado.
Vado nihil : sed vasi vasum compositum optat.
Præteritum cedo cessi est, cessúmque supinum.

Go Guo Ho.

Go vel guo xi ctūque facit, tamen ista supinis
N tria deperdunt, stringo cum fingerē pingo.
Tango capit tetigi tactum:Egi ago poscit& actū
Frango cōpingo impingo suppingóque junctis.
Pango olim pegi ,sed nunc panxi pepigique,
Nata aliquot pāxi formant,pactū esto supinum.
A lego fac legi & lectum , à pungo pupugi fac
Et punctum.Sed composita hinc vox vult quo-
    que punxi,
Dant exi ectum intelligo negligo diligo: si sum
Spargo volet,pariter cum mergo tergóq.verbis:
Xi xum & ctum figo frigo, egi prodigo dego
Ac satago. Sic ningo xi clango angóque solùm.
Ambigo nil. Verxi format vergo Diomedi.
A veho dic vexi vectum;Traxi à traho tractum.

Lo,

Dat lo lui atq: litum: sed alo formabit & altum.
A colo dic cultum: consultum consulo gignit,
Occulóque occultum; sed falsum fallo fefelli.
Nulla supina volo cum nolo, nulla refello
Nulla capit malo, cum psallo cui dato psalli.
Nulla excello præcello capit, antéque cello.
Perculi amat percello & culsum, vellóque velli
Aut vulsi vulsum. Pello pulsum pepulique.
Tollo à sustollo, sublatum sustuli habebit.
At fallo falli falsum.Quartam salio vult.

Mo No Po Quo.

Mo per ūi dat itum,tremo flectitur absq:supino,
Per si tum promo sumo cum demere como.
Emi emtum dat emo , premo pressi f dupplice
    pressum.
Pono facit posui positum ,genui genitúmque
Gigno: sed cerno creui cretúmque requirit.
At cano vult cecini cantum, cinui dat & entum
Concino cum socijs: stravi stratúmque creabit
Sterno, dabit sperno sprevi spretum;lino lini
Aut leui aut liui, cum prole litúmque supino.
Si tum vult temno,sino vult siuíque situmque;
Po finit ut repo psi ptum. Rumpo tamen dat

Rupi; dátque strepo strepui strepitū,coquo coxi
Coctum.Linquo liqui, lictū composita addunt.

Ko So.

Quæro quæsivi quæsitum: curro cucurri
Et cursum, verro verri versúmque poposcit.
Vult gessi gestum gero, vult tero trivi tritum
Vultque tuli latúmq: fero,uro ussi dat & ustum.
At sero dat seui atque satum. Eui rustica proles
Atque situm: per ūi sit & ertum cætera turba.
A furo præteritū furui antiquus probat auctor.
So sivi & situm facit,ut verbum hocce lacesso.
Pinso pinsui amat,pistum pinsúmque,simúlque
Pinsitum. Incesso incessi tantùm capit, at nil
Quæso, depsui habebit depso : visóque si sum.

To Vo Xo

Xi format flecto & xum,plecto nectbq. pecto.
Ista etiam xui amant tria,vult ivi peto & itum.
Verto facit verti versúmque, à mittere misi est
Ac missum: meto messui habet f duplice messū.
Sisto stiti atq. statù; si neutrū est sisto, sequetur
Sto verbum. Sterto tantùmodò stertui habebit.
Vinco dabit vixi victum. Vi flectet & utum
Cum solvo volvo. Formabit texo xui xtum.
Præterito calvi faciet calvo absque supino.

Quarta Coniugatio.

Quarta dat iui itum, sed dat sepelire sepultum.
Sentio si sum vult, iui & xi ctúmque amicire ;
Sepio vi psi ptum: veni ventum venio optat,
Veneo venii, at & nomē paritérque supinum est
Venū. Cōposita à pario omnia habēt ūi& ertū.
Bina tamē quæ com & re incipiunt eri & ertum.
Singultum capiet singultio , sancio sanxi
Sanctum & sancitum, vult vinxi vincio vinctū.
Dat vel ūi vel ii salio ac saltum, ortáque sultum
Haurio vult hausi atque haustum;sed sarcio sarsi
Fartum: sic sarsi sartum vult sarcio, fulsi
Fulcio habet fultum.Nil dant meditantia verba
Excepto quod edo pario nubóque crearunt ;
Nil etiam ferio aio, novum est ferii atq. feritum

De Præteritis & Sup. verb. Deponentium.

Si dare præteritum vis deponentibus aptum,
Expedit activas illis affingere voces.
Ut vereo verui veritū, hinc vereor veritus vult
Respuit hanc legem proficiscor, nāq. profectu
Vltus ut ulciscor capit atque adipiscor adeptus
Vt fateor fassus, questus queror, útque locutu
Vult loquor; At nitor nisus vel nixus amabit,
Mensus metior , & patior passus ; ratus autem
Præteritū est verbi reor, à sequor ede sequutus
Experrectus ab expergiscor ; & à misereri

Ede misertus, ut à gradior gressus, fruitúsque
A fruor: à quo & præteriti vox fructus erit, sed
Rarior. Oblitus facit obliviscor, & utor
Vsus, nanciscor nactus, pactúsque paciscor.
Ertus præterito experior capit, opperiórque:
Cóque miniscor habet cómétus, &ordior orsus.
Ortus vult orior, morior vult mortuus, esto
A nascor natus. Per iturus flecte futurum
In tribus extrmis. Vescor liquor reminiscor
Præterito unà cum ringor medeórque carebunt.
His adiunge duo prævertor diffiteórque.

De verbis anomalis.

Vt simplex facio,sic compositum a retinens,fac:

SYNTAXIS.

EST duplex Syntaxis seu constructio, simplex
Atque figurata: hanc utramque ediscere refert.
Vel regimen format vel convenientia primam.

SIMPLEX SYNTAXIS

ac primùm Synt. convenientiæ.

Mobile cum fixo, genere & casu numeróque
Fac ut conveniant, & cum prænomine nomen.
Pone relativum cum præcedente in eodem
Et genere & numero, ut Cicero est,quem disce-
re vis. At
Quando relativo præcedens subditur, uno
Casu effer, verbo namque assignantur eidem.
Quem scribo librum bonus est, ornatus aio,
Quâ librum quem: vix náque ullus id approbet
auctor.
Quando relativo duplex varii generis vox
Iungitur,id cuivis quadrat. Vt toto unus in orbe
Vultus,quem vel quod dixere chaos. Duo fixa
Appones uno casu, si res eadem sit.
Quo petitur casu quid, respondetur eodem.
Dic mihi quê Pastor Corydon ardebat Alexin
Delicias domini. Hic alia est côstructio. Cujum
Est pecus? Ægonis. Similes coniunctio casus
Atque modos optat, nisi si sensus varietur.
Ante capit rectum personâ convenientem
Et numero verbum, quod personale vocatur
Nec non finitum. Sed rectum sæpe tacemus
Sæpè loco illius quid ponimus, ut dare verba
In promptu est. Duo qui rectos numerû variorû
Præponunt verbis, ea fermè præcipuo aptant
Proximiori alias, ut pectus robora fiunt.
Si res est eadem duo rectos omnia habebunt
Verba, audit pius, ira furor sit. Consimiles vult
Et casus omnis modus infinitus, eodem
In sensu, ut nobis licet ire vel esse paratis:
Sæpè tamen dixere auctores esse paratos.

Sic etiam fero fers duco duc, dicóque dic vult.
Vix unquâ furo ovo dor for der fer probat usus:
Vix alia ut feris fetur. Novi meminique
Præteriti sunt temporis ac præsentis, ut odi.
Verborum hîc formas plures flexúsque notabis.
Vapulo & exulo cum nubo, fio liceo cum
Veneo. Grammatici neutro-passiva vocarunt.
Iidem & præterito quæ constant duplice, mista:
Vt iuro aui atus sum. Impersonalia quædam
Nempè libet licet atq.piget vel tit vel itû est dât
Cû pudet. A tædet dic tęduit aut pertæsum est.
Dic& itû aut ertum à miseret.Nûc obtinet ertû.
Quod nec personâ liquet, id nec præteritû vult.

*Syntaxis regiminis. Ac primò regimen
unius casus. Vocativi.*

Heus & ohe,óque vocans casum retinento vo-
cantem.

Genitivi.

Temporis atque loci quantique adverbia quædâ
Gignentem casum accipient,velut instar,& ergo
Pro causa sumptum: Vt cum dicimus illius ergo.
Si duo continuè iungantur fixa, nec una
Res fuerit, dici genitivo posterius vult.
Cum partitivis illum & verbalia casum
Adiectiva volunt. At cum partitio fiet
Par genus esto:nisi dicas dulcissime rerum,
Aut nisi vox collectiva,aut heteroclita subsit.
Illum etiam casum rudis & securus habebunt,
Illum cum satago miserescere seu misereri.
Æstimo, curo, puto, facio cum consulo, duco,
Pendo habeo refert est, inter & est genitivos
Hosce boni pluris tanti quanti atque minoris,
Et parvi nihili nauci floccique pilique,
Magni infiniti majoris, maximi & assis,
Huius cum minimi; multi cum plurimi & æqui
Atque teruntii amant. Magno tamen æstimo,
parvo
Consequor, aut nihilo; auctores dixere Latini.
Dixere ijdem pro nihilo puto, duco, habéque.
Refert inter & est,quibus est pro pertinet addes
Quosvis assumunt genitivos : excipies sex
Nam cuja intererit, refert nostráque suáque
Cum reliquis dices:quæ neutro est genere optat.

Dativi.

NOMine seu verbo gaudent acquirere casus
Dandi, ut scribo alijs: nec quod scribo mihi
turpe est.
Hunc quædâ geminât casum verba,ut tribuo do
Sum verto. Dices igitur laudi dominis est

Quod virtus famulis fit curæ. *Affentor adulor*
Grator & auxilior, famulor medeor nocebóque
Pareo & Adverfor cum præfideo, impero parco
Occurro faveo ftudeo: & fum cópofita & poft,
Fio fatis male con bene præ fub in inter ob ante
Ad fuper: Hæc dãdi cafum optant fæpius unum,
Et liquet, & plerunque imperfonalia, reftat
Evenit & licet atque vacat, dolet expedit. Adde
Cum præftat placet atq. libet, voces fimiles his.
*D*andi habet & cafum væ, adde quod in bilis exit
Nomen, quodque odiũ vel amicitiã, utilitatem
Exprimit aut dãnũ: vel quod ndus fyllaba finit.

Accufativi.

*A*ccufativo iunges ad apud fecus atque fecundũ,
Circiter & circum circa iuxta prope cittra,
Cis pone poft ante erga ob propter, præter &
    infra
Supra intra extra, adversũ cõtra advers⁹, & ultra,
Trans, penes inter: versũ addes feu verfus & vfq.
*N*i præeat poffum, cupióque vel id generis vox
Cafum accufandi verba infinita fequentur:
Præcedent activa & tranfitiva, iuvóque
Cũmque iuvat miferor, latet & decet & delectat.
*H*unc capient etiam intranfitiva omnia cafum,
Si res fit cognata, viam ire & vivere vitam.
Hunc aliæ admittent etiam voces, apage una
Cum cedo & exofus, pertæfus, cũmque perofus.
Accufativum geminant doceo, rogo, celo.

Ablativi.

*Q*uæ vox aut fpatium aut tempus determinat,
    aut quã
Inftrumenta modũ exceffum caufáfque notabis,
Ponetur fexto: velut & duo nomina, nufquam
Si referas, vt me duce. *N*on alio quoque cafu
Exprimitur pretium, ut parvo tua ftat tibi virt⁹.
Stat, conftat pluris tanti quanti atque minoris
Dici amat: *H*oc etiam, valet affem: at fæpius affe.
*M*ulta regunt fextũ ut fraudo beo victito verba
Cum vigeo, valeo dignor nitor fruor utor,
Et reliquis, quæ te veterũ monumẽta docebunt.
*H*unc regit & cafum viduus captúfq. poténfque,
Extorris nudus vacuus contentus inanis
Et fretus, caffus cum præditus, orbus onuftus,
Natus prognatus, cretus fatus editus ortus.
Voxq. omnis quæ cóparat, ut demẽtior illo eft.
*P*arcũlas fexto has præpone corã abs & ab à cũ:
Adde & præ procul ex e, de fine pro abfque
    palam clam.

Regimen multorum feorfim cafuum.

Rectum aut accufativum ò en ecce requirunt:

Præterea, ò etiã exclamatio cafum qui vocat,
    hunc vult.
Hunc itidem vult prõ feu proh. Vah iungitur,
    ah hem.
Verũm quatuor hæc accufativum etiam addunt,
Hemque dativum; quem heu cafum fibi pofcit
    utrũmque,
Cũque utroq. vocativũ fimul. Hei mihi & hei mi
Nate aiunt. Regiménq. hoc interiectio habebit.
*Di*ffimilis, fimilis, communis, par, propriúfque
Finitimus, fidus, conterminus, atque fuperftes,
Confcius, affinis, focius, vicinus, amicus,
Gignendi optãt aut dandi casũ, adde propinquus
Æqualis, germanus, cum contrarius, adde
Æmulus & cum peculiaris familiaris,
Præfectus, nam urbis dicunt præfectus & urbi.
Adde alien⁹, quod fextũ quoq. poftulat, & quod
A vel ab adfcilcit, ficut diverfus; habebit
Et dãdi casũ hæc vox. *Sed* cafum omnia pofcent
Verba recordandi, oblivifcendi generantem
Aut accufantem. *Rebus* rerũmque potiri,
Atq. animi aut animo pendere, angi difcurciari,
Cum reliquis huiufcemodi fcitõ effe Latina;
Quæque iftic exempla vides præcepta putato:
Vt manuum tenus, capulo tenus abdidit enfem.
Dignus & indignus locuples immunis & expers
Deniq. vox omnis catus hos vult geminos, quã
Copia proprietas, quã fignificatur egeftas.
Excipies opus, vt dux eft opus aut duce nobis
Aut ducis. *At* proprior dices feu proximus urbi
Aut vrbem. *V*efci glande aut glandem quoque
    dices.
Vtere fic fungi, ut fungi officio officiúmque.
Sic & abhinc plures annos, vel pluribus annis.
*A*ptus & appofitus, proclivis, idoneus armis.
Cóperies vel ad arma, habilis fic conftrue, natus,
Conftrue fic pronus, vocémque huiufcemodi
    omnem.
*T*emporis atque loci fpatium exigit ablativum
Aut accufativum. Quos menfura etiam vult
Et fuper in fub: at vt motũ ferme utque quietem
Significant. Accufativum fæpius optat.
Subter. *Q*uã per ubi vocitatur quæftio, cafum
In proprijs parvíque loci, numeríque prioris
Gignentẽ admittet, quẽ prima aut altera flectat.
Vt Lugduni aut Romæ eft, at Carthagine dicunt
Aut Delphis. Cõmunis magnorũmque locorum
Vox in habet. Tamen excipitur cũ rure domíq.
Quæ retinent cafum quẽ propria fẽper eundem,
Militiæ cum belli & humi, terráque maríque.

Si quam aliã quandòq.addas vocẽ ad domus̃,illi
In præponetur : modo ne meus aut alienus
Aut tuus,aut suus,aut noster,vesterq.sit hẹc vox.
Pone urbes sexto si quà quæratur & unde
A vel ab in reliquis non urbibus unde, vel ex e
Postulat, & quà per. *Si quò* quæretur habebunt
Accusativum urbes, cui loca cætera iungent
In, nisi fortè utare peto verbo,vt peto Cyprum.

Regimen multorum simul casuum.

Pœnitet & tædet, miseret, pudet & piget optant
Accusativo personam, & rem genitivo.
Verba hæc damnare,accusare,absolvere iunges.
At damnare quoque accusare, absolvere dicunt
Crimine,cui de præponunt quandóque,monere
De re etiam dicunt,vel rem, vel denique rei.
Accusativo hic exprimitur persona , dativo
Istic, vult tibi prætor aquã interdicere & igni.

Regimen præpositionum & modorum.

Pertinet ad vult cũ spectat,cúmq. attinet.Optãt
A vel ab accipio , disto, passiváque verba
Cum peto & expecto,distinguo. Cætera iunges
Quæ vel idem vel quid par significant, aliúsque
Ac discriminis omnem vocem,ut dictam alienus
Vt differt, & quæ videas occurrere passim.
Ex e particulis expressio materiæ sit.
Porrò compositis quas præposuere Latini
Verbis particulas , repeti ti bi posse notabis.
Certa modos optat certos conjunctio, certus

DE SYLLABARVM DIMENSIONE.
primarum

DIPhtongi& contracta è multis syllaba,longæ:
In præ eo variũ,in reliquis paribus breve sit præ.
Vocalem breviant aliã iubeunte Latini.
Sunt longi casus quintæ, quos finit iei:
Verbum etiam fio longum est, si non séquitur r;
Pompei quoque longum cum reliquis, ụt & aer
Atque aliis aliquot. Versus commune habet ius
Gignendi casu. Alterius sed diè & alius.
Sunt Io in dubiis & io Dianáque, & ohe.
Protrahe vocalem, quam cõsona bina sequetur,
Aut duplex, aut i vocalibus interjectum.
Si mutam liquidámq. simul brevis anteit una,
Hanc oratores breviant , variántque poëtæ.
Derivata patri similis sit dictio : quare
Ipse meum nomen produco, Roreus à ros.
Mobilis at fomes, laterna & regula sedes
Quãquã orta è brevib'gaudẽt producere primã.
Corripiuntur arista vadum sopor atque lucerna
Nata licet longis: Vsus te plura docebit.
Vocalem licet aut diphtongum syllaba mutet,

Sœpe est illi ordo. *Personam* adverbia quædam
Significant unam , una illis est quæstio sœpe.
Ambigua evitant sive æquivoca ille suúsque.
Vtendum suus est , in seipsam si qua redit vox.
Vt verbum aut nomen sic participantia pones:
Namque vel armorũ fugitans vel dicitur arma.
Sic & pones sœpe gerundia,in ũmque supinum;
At quod in u, neutro duntaxat nomine gaudet.
Si duo continuè iungantur verba , regetur
Postremum infinitivo; Vt quis nollet amari.

SYNTAXIS FIGVRATA.

Si qua phrasis sit,quam cõmunis regula damnet
Auctorésq.probent docti,hanc appello figuram.
Elleipsi omittunt, ut triste lupus stabulis. Nam
Supplent triste negotium.Inutile si quid haberet
Dicendi modus, excusaretur pleonasmo.
Græcis syllepsis , nobis conceptio , res non
Verba notat: Scelus hic me perdit.Hyperbaton
 effert
Ordine res obscuro, ut cùm regina sacerdos
Marte gravis,geminam partu dabit Ilia prolem.
Ordo autẽ, ne obscura atq. intricata phrasis sit,
Postulat hoc fermè: ut iungatur mobile fixo, &
Voci quẹ regitur vox quẹ regit.Hoc quoq.primò
Vt verbum interpres videat,tum nomẽ utrúmq.
Ante& post verbũ:queis denique cætera nectat.
 Antiquo licet invenias quam plurima more
Dicta, imitari noli ; aut Græcè efferre Latina.

REGVLÆ AVT GENERALES , AVT
syllabarum.

Simplicium mensuram composita accipient;at
Dejero corripies cum pejero, & innuba necnon
Pronuba: corripies quoq.fatidicum , similésque
Formatas voces à dico, & semisopitus.
Et nihilum, quæque ab labes sunt cõposita addes
Vt labefacto. Connubium ambitus variabis.
A de e se ve, di præter dirimo atque disertus
Longa in cõpositis sunt,ut refert quoq.lcngum.
In reliquis re breve est,velut in refero reliquúsq.
Iunge pro Græcorum brevibus , longísquè La-
 tinum.
Excipe quæ fundus fugio neptísque nepósque,
Et festus, fari fateor fanúmque crearunt :
Adde profecto procella protervus , cum profi-
 ciscor.
Propino variũ est, procuro propello profundo.
Sic próserpina, procumbu propagóque duplex.
Semper e compositi breviant in parte priore :
Ferme etiam breviant y, ï. Sed nequis lociósque
Et nequando veneficus atque veneficï : iunges

        B iij

14

Quædá alia ab facio verbóq.aut nomine; nequŭ
Nequicquam nequaquá longis annumerant, ut
Idem ab is, & quidam tantidem & siquis ibidem
Scilicet, & bigæ tibicen ubique quadrigæ
Bimus. Quotidie fac anceps : cætera produc
Hac ab voce dies. In compositis breve vult o
Græcia, nõ Latium: Producere nãque alioquin
Et quãdóque; At quãdóquidẽ breviare solemus.
Est Minotaurus paritérque Geometra longum:
Dodecatemorion longum, longúmque lagopus.
Semper u corripitur, producitur ablativus
V finitus & â, sicut cornupeta quare.

REGVLÆ MEDIARVM SYLLAB.
In verborum præteritis, supinis atque
augmentis.

Præterita assumunt longam dissyllaba primam.
Corripiunt sto scindo fero, cum do bibo findo.
Præteritũ primã geminans breviabit utrámque,
Protrahitur tamen à cedo atque à pedo secunda.
Cuncta supina dabunt primam dissyllaba lõgam.
Excipies cieo sero eo queo cum reor & do,
Cúmque lino sino, nata ruo. Staturus atum vult.
Sunt etum atque utum polysyllaba lõga supina.
De vi præterito, quanquam producitur itum,
Agnitus agnosco, & cognosco cognitus edent.
Cætera corripies in itum quæcunque supina.
A crescens produc, incrementũ excipe primum
Do. Produc etiam in verbis crescentibus E, sed
Corripiunt tamen er duo ternæ tempora prima.
In rere aut in reris erit penultima longa.
Fac e breve in beris, aut cum ram rim vel ro se-
quentur.
Corripit interdum steterũt dederúntque poëta.
Augmentũ verborũ I breve est: producitur ivi;
Addenda hæc, nolito nolite atque velimus
Simus, nec non composita : I primum quoque
quartæ.
Ri coniunctivi poterit variare poësis.
O produc accrementum, sed u corripe : tempus
Hinc solũ excipies quod syllaba terminat urus.

In augmentis nominum.

AI Vt Pictai producit prima. Secunda
Corripit augmentũ, nisi forsan Iberi ab Iber sit.
A crescens vocis, quam flectet tertia longum.
Excipies quod a rectus, quódque itidem al vel ar
edunt
Masculea. Excipies etiam cum compositis par
Párque ipso, quod nectar habent bacchar iubar
hepar:
Quod recti as genitiv° adis seu vas vadis, & quod

Mas anas; aut omnis quoque vox, cui consona
fine est
Præ s. Iũge atacem colacem styracem tridacémq.
Ac panacem coracem phylacem: His similes sũt
Fax dropax anthrax atrax cum smilace climax.
Antiquos nusquam videas breviasse Syphacem.
Crescentem per E, declinatio tertia vocem
Corripit. Excipitur genitivus in enis: Ibérque
Ver Luter Recimer, heres mercésque quiésque,
Lex vervex halex seps plebs rex, & locuples sex,
El peregrinũ; er es Græca, æthere & aere déptis.
Sunt brevia hæc I, Y: sed long us genitivus in inis
Grçcorum: Vibex vis lis dis glis, cúmque Quirite
Et Samnite apsis nesis; quæque ix syllaba finit.
Cum bombyce etiã coccyx producitur, & gryps
I breve servavere filix cum fornice varix,
Coxendix & Erix histrix, & cum pice chœnix,
Iungentur calicique nivique vices, Cilici thrix.
Elicibus jungetur helix; salices laricésque
Natricibus. Variant sandyx Bebryxque Poëtæ.
Augmentum O longũ est, genitivum ab nomine
neutro
Corripe. At œs oris produc, brevia memor arbor
Et lepus, & pũs compositũ, bos cõpos & impos.
Cappadoci adde Allobrox & prçcox & opi scrobs,
Ac reliquas voces quarum s consona præit.
Cum cercope hydrops, cumque Europe excipe
Cyclops
Nam parvũ o breviat, producit Græcia magnũ.
Est V breve augmentũ, tamẽ omnis casus in udis
Vris & utis ab us recto producitur, & fur
Lux frux. Cũ pecude & Ligure interc° breviatur.
Pluralis casus si crescat, protrahit A E,
Atq. O ut bobus: verũ I V corripit, excipe bub°.

Regule ultimarum syllabarum.

Vltima cuiusque est communis syllaba versus.
A finita dabo longis, ita cum puta demam,
Eia quia, & casus omnes: Sed protraho sextos;
Protractísque, ab recto as casus addo vocandi.
Corripe E : Sed primæ quintæque vocabula
produc
Atque fame cete tempe ferméque fere ohe.
Adde mone similémque modum, & monosylla-
ba; præter
Enclyticas ac syllabicas : Infernè supernè
Exceptis, bene itẽ & male; cetera cuncta secũdæ
Sicut præcipuè validéque adverbia, longis
Iunges. Verba vale cave, cum vide erũt variãda.
Fac longum I brevia nisi: cúmque quasi & cui,
Græca.

Fac vti, id eſt vt, cũ mihi vbi tibi ibi ſibiq. anceps.
O datur ambiguis. Græca & monoſyllaba longis
Et ſimilis domino vox, atque adverbia nata
Nomine, ſed ſerò eſt varium verò ſubitóque.
Illico corripitur meliùs, citò cum modò & immo
Adde & ego, & cedo pro dic, cũ ſcio neſcio verbis.
V ſemper produc, brevia nenu indu, & Y Græcũ
B breviant ſed C producunt, excipe donec
Et nec; Pro variis fac & hic pronomẽ habentur.
D quoque corripiunt & L; at longis peregrinum
Vt Tanaquil Daniel, cum nil ſol additur & ſal.
M Non eliſum veteres breviare ſolebant.
N longũ eſt Græcis pariter, paritérq. Latinis.
Sed breve en eſt, quod format inis; cui Græca
    ſecundæ
Iungimus, & Thetin & ſimiles quas tertia voces
Declinat breuib⁹ rectis; an cum tamen atque in,
Forſitan & forſan viden & noſtin ſociiſque.
R breve ſit, ſed Iber longum, breve Celtiber,
    anceps
Cor. Cur fur lar far nar producuntur, & hir ver.

Par & compoſita; Er Græcũ creſcens genitivo.
AS produc, ſed anas brevia; Arcas & Arcadas, unà
cum reliquis, quibus as rectus genitiv⁹ adis dat:
Aut quibus accuſativus pluralis in as fit.
Ponitur ES longũ, ſed es à ſũ & nomina Greca
Plurali & recto caſu, ut Troes, breviantur:
Denique corripiũt Greci epſilon, ut cacoethes;
Nos penes, atque omnem quem format tertia,
    rectum,
Si brevis augmenti fuerit penultima. Verùm
Adde Ceres longis, abies paries aries pes.
Pone breve IS, ſed plurales tamen excipe caſus:
Excipe item & nomen, creſcenti quod genitivo
Protrahitur, veluti Salamis glis lis Simoiſque.
Cum velis vis ſis ſis, claſsíſque omnia quartæ.
Vult OS produci, breviari compos & impos,
Et quod o ſcribetur parvo Græcorum, & os
    oſsis.
Pone breve VS, ſed deme trip⁹, & quæ genitivo
V retinent ut ſus; poſt remos quattuor addes
Caſus quartæ: at YS ut Tiphys, cũ T breviabis.

FINIS.

REGLES
DE LA LANGVE LATINE.
LES GENRES.

*L*A signification & la terminaison montrent de quel genre est un mot. Quelquefois la signification le cede à la terminaison. *La plus remarquable est um. Le mot mancipium, par exemple, est donq neutre encore qu'il signifie un homme ou une femme esclave. Buxum bouys, & tous les autres noms d'arbre en um sont pareillement neutres ; aveq Illyricum, bien que ce soit le nom d'vn pays. De la mesme façon excubiæ, qui signifie le guet, ou les hommes qui veillent la nuit, prend le genre feminin de la terminaison æ. &c.*

Regles tirées de la signification.

Les noms des mâles sont du genre masc. *Par exemple aries belier, Mammona ou Mammonas, le Dieu des richesses. Dinacium nom d'homme dans Plaute, assecla laquais. Chalybes ces hommes qui tiroient tout nus le fer des mines de Pont, d'où vient que Chalybs pris méme pour le fer est m.* Au contraire les noms des femelles sont du g. fem. *comme ovis brebis, Iuno Iunon, Glycerium nom de fille.* Le mot qui renferme l'un & l'autre sexe, *comme contubernalis homme ou femme qui demeure ensemble,* est de l'un & de l'autre genre. Si l'on veut sçavoir les mots de cōmun genre les plus ordinaires, on peut lire les vers suivans.

Hospes & antistes præsul tigris atque satelles,	*Municipi adde comes vates conviva camelus.*
Bos vindex index iudex sus miles & hostis,	*Adde sacerdoti martyr, iuvenique adolescens*
Augur & interpres, custos civis canis heres	*Ac reliqua, vt princeps auspex infans patruelis.*
ConIux atque parens, autor dux testis & exul.	

Ces mots, *dont les deux premiers ne sont pas si* or*dinaires au f. g. qu'*hospita *&* antistita *signifient bôte ou hôtesse,* Evêque ou Abesse, tigre ou tigresse, satellite, beuf ou vache, vengeur ou vengeresse, qui découure, iuge, porc ou truye, soldat guerriere, ennemy ou ennemie, devin ou devineresse par le vol des oyseaux, interprete, gardien gardienne, citoyen citoyenne, chien chienne, heritier heritiere, mari femme, pere mere, auteur inventrice, capitaine guide, témoin, banny bannie, qui iouyt des droits d'vne ville, compagnon compagne, qui devine ou qui fait des vers, convié conviée, chameau, Prestre Prestresse, temoin, ieune, Prince Princesse, Prognosticateur guide, enfant, cousin germain ou cousine germaine. Pour le nom adiectif on peut dire qu'il est de tout genre, *nonobstant les frivoles subtilitez de Sanctius, de Vossius & de quelques autres Grammairiens.* Puisque le mot commun est la regle du propre, vous ferez de m. g. les mois *comme Ianuarius Ianvier, September septembre,* les vens *comme boreas bise, eurus vent d'amont,* les montagnes *comme hic ossa le mont ossa,* les fleuves *cōme hic Tigris le Tigre,* & le nom as parce qu'il signifie vne espece de monnoye, *& que nummus est de masc. genre.* Vous ioindrés à ce mot d'as ses composez *comme decussis une piece de dix sols,* & ses parties *comme quincunx cinq onces.* Vncia seul est excepté *& du g. f.* Remarqués que les noms des montagnes *&* des fleuves suivent quelque fois le genre de leur terminaison, d'où vient que Virgile a fait *Ætna le mont Gibel &* Ida *Feminins, &* Lucain *Allia qui est une riviere d'Italie encore feminin.* Les Isles *comme Delos,* les regions *c. Gallia les Gaules,* les villes *c. Lutetia Paris,* les navires *c. Centaurus magna le grand Centaure,* les pieces de Poësie *Eunuchus sua son Eunuque,* & les arbres *infausta cupr ssus infortuné cyprés* sont de feminim genre. Neanmoins vous ferez masculins les noms d'arbre terminez en aster *comme pinaster pin sauvage,* aveq spinus prunier sauvage, & dumus buisson. Rubus ronce est *ordinairement masculin &* quelquefois feminin. Acer erable est neutre, & siler petit osier, suber liege, robur chêne.

Pour les noms des villes & des Pays encore que leur plus grande partie soit feminine selon la regle, neanmoins quelques-vns sont m. n. ou douteux. Les masc. sont les pluriels terminez en I. c. Delphi & quelques sin

gulier

guliers en O. c. *Sulmo* payi d'Ovide, en Vs, c. *Pontus* le Royaume de Pont, & en Vt Vntis. c. *Peßinus Peßinuntis.* Ovide fait *Amathus* f. & *Mela Rhamnus.* Les neutres sont 3. Tous les noms en A du pl. n. c. *Bactra*, ou en A. & en E. de la 3. decl. c. *Zeugma, Reate.* 2. Tous les noms sing. en I. ou Y, parce qu'ils sont indeclinables c. *Illiturgi.* 3. Les noms en L. c. *Hispal, Suthul*, & en Vm. c. *Lugdunum* Lyon. Quoyque *Sidonius Apollinaris* ait dit *Lugdunúmque tuam, Tuder* & *Nepet* sont encore n. c. *Argos* de la même decl. que *Teichos. Narbo* & *Hippo* sont m. & f. *Gadir* f. & n. *Auxur* u. & m. Vn mot qui se signifie luy même est neutre c. *Cicero trisyllabum*, ou qui est indeclinable, c *scire tuum* vôtre savoir. C'est pour cette raison que *Pascha* Pâques, & *Mammona* richesse sont souvent n. avéque *manna* de la manne. Encore qu'on raporte à cette regle les noms des lettres, neanmoins on peut dire par exemple *o atque u permutata*, en sous-entendant *litera.* Surquoy l'on remarque que les noms sont ordinairement du même genre, que ceux à qui on les raporte: Ainsi l'on dit *hic Adria* en sous-entendant *sinus* le Golphe Adriatique, & *hæc Adria* en sous-entendant *urbs.* De la encore il arrive qu'*oriens* & *occidens* sont m. c. *sol: Bidens* & *continens* f. c. *ovis* & *terra: Altum, præsens*, &c. n. c. *mare* & *tempus.*

Regles tirées de la Terminaison.

Tout nom pl. terminé en i est m. c. *hi cancelli* chassis. La diphtongue æ est f. c. *hæ nugæ* bagatelles. Les noms pl. en a & en e sont n. c. *hæc tesqua* cavernes. *Hæc Tempe* lieux de plaisance en Thessalie. *Hæc cete* baleines. On dit encore *hic cetus ceti*, & au pl. *ceti cetorum.* Maintenant pour ce qui regarde les noms du n. s. ceux qui sont terminez en o, c. *mucro* pointe, *pernio* mule aux talons, *scipio* bâton, *titio* tison, en n c. *pæan* chant en l'honneur d'Apollon, *pecten* peigne, *delphin* dauphin, *canon* regle, en er c. *culter* couteau, en or c. *rumor* renommée sont m. ausquels vous ioindrez ce peu de noms que la 1. decl. termine en as c. *sacar tiaras* un sacré turban. *Virg.* Avéque ceux de la 3. qui sont as antis c. *adamas* diamant. Le nom en os est encore m. c. *flos.* Celuy qui est fini en us c. *annus* année, *fructus* fruit, l'est aussi: pourveu que les Grecs ne le fassent pas f. c. *papyrus* papier, *diphtongos* ou *diphtongus* diphtongue, *eremos* ou *eremus* desert, *atomus* atome: Et que les Latins le mettent en la 2. ou en la 4. d. *Car tempus* par exemple qui est de la 3. decl. n'est pas de m. g. Le nom Greq en es de la 1. ou de la 3. d. c. *cometes cometa, lebes ...etis* chauderon, est pareillement m. avéque *pes* & ceux qui descendent de luy ou plutôt du mot Greq *poûs* c. *tripus* trepié. Ajoûtez tous les mots en nis c. *panis* pain: & tous ceux de deux syllabes en ax & en ex c. *storax* ou *styrax* sorte de parfum, *apex* sommet. Faites du f. g. le nom terminé en a & en e de la 1. d. c. *manna* & miette d'encens, *crambe es* chou: avéque les noms en io, qui sont tirez d'un verbe, ou d'un autre nom c. *contagio talio.* Ceux de plus de deux syllabes terminez en do ou en go c. *arundo* roseau, *fuligo* suye. J'ay dit, de plus de 2. syll. pourceque par ex. *ligo* boyau & *cardo* gond sont m. Ceux de la 3. d. terminez en s ou en x c. *rupes* rocher, *pellis* peau, *stirps* race, *similax* ou *smilax* liset herbe, *calx* de la chaux. Enfin ceux de la 5. c. *facies* face. Les noms en a & en e de la 3. d. c. *thema* position, *cubile* lit avéque les noms en c, l, m & t, en men, at, ur, & er lors qu'ils signifient un fruit ou une plante, pareillement les noms en us qui font ris en leur genit. sont n. Voicy les exemples *lac* lait, *mel* miel, *templum* temple, *scortum* femme publique, *Hierusalem* est f. mais barbare: car les noms Latins en m ont u devant l'm. *Caput* tête, *crimen* crime, *calcar* épron, *ebur* yvoire, *piper* poivre, *siser* cheruy, *munus eris* present, *penus penoris* provision, à quoy l'on peut raporter *hæc specus* caverne. Vous ferez encore n. tous les noms en on de la 2. d. c. *Ilion* Chateau de Troye, *Pelion* mont de Thessalie, *plethon* archet.

EXCEPTIONS.

Ces mots *cometa planeta*, &c sont m. & signifient une comete, une planete, un poisson nommé mulet ou musnier, poignard, noce chanson nuptiale petite peau que quelques uns croyent être la marque de la virginité, dauphin qu'on appelle en Latin *delphin* ou *delphinus* plutôt que *delphis*, soleil, croc, perle ou sorte d'oignon qui n'a qu'une tête. Les Theologiens & les Philosophes qui se servent d'*unio* pour *concordia* ou *coniunctio* le font f. *Pollis, ternio*, &c. signifient fleur de farine, nombre de trois, *senio* nombre de six, & semblables: vautour, tourterelle, saumon, du son, une muraille, pampre sarmant, tronc d'arbre, limite, tout ce qui fomente, petit chemin, un rameau avéque le fruit, goufre, gazon, jarrot, levier, poisson, un loir, sang, épée, bâton, pôteau, faisseau, ver, une pierre, ongle, coline, soufflet, chemin battu, soc de charruë, essieu, mois, tison, une tige d'herbe ou chou, un petit & tendre rameau de vigne, ou le membre viril, un rond, concombre, épine ou buisson, cassis hujus cassis rets, *car cassis cassidis casque est f.* un pot à l'eau, souris ou rat, épine ou buisson, phœnix, coucou, lievre, chable, dent, hydropisie, bouton de fleur, fontaine, pont, montagne, troupeau, voute, ver à soye, *car lorsque bombyx signifie la soye mesme, il est f.* Orix est une sorte de bête, & urpix une herse ou un instrument à casser les môtes, spadix *signifie* une couleur luisante, & calix un verre. A ces m. on peut joindre varix varice ou veine enflée *que quelques uns pourtant font douteux.* Ces mos caro grando, &c. sont du F. g. Ils signifient chair, gréle, echo, alcyon, image, rossignol, irondelle, suaire, arbre, barque, pierre à aiguiser, dot, terre, ventre, van, acus hujus acus de la paille ou une éguille, *acus aci est m. & signifie une sorte de poisson, acus acûs purgamentum frumenti est n.* Les mos suivans *tellus manus, &c. signifient* la terre, la main, ides, voile de fin lin, quenouille, tribu, maison, sorte d'herbe & d'oyseau, pié de lievre, portique, ficus hujus ficus ou ficus fici figue ou siguier est f. *mais lors qu'il signifie une sorte d'ulcere est m. & on dit seulement ficus fici.* Il faut joindre aux mos fem. laus, fraus, &c. c'est à dire loüange, tromperie, fournaise, harang, tenaille ou ciseaux. Ceux-cy sont n. l'aine, onguent, colle, chemin, boucle agraffe ou brasselet, printemps, corps-mort, mammelle, pur froment, cœur, mer, marbre, poëme heroïque, melodie, bouche, os, airain, chaos, vas vasis vase, *car vas vadis caution est m.* Virus signifie du poison & pelagus la mer. *On pourroit mettre chaos & melos entre les noms indeclinables, si l'on ne trouvoit à l'ablatif chao & melo.* Ces mos solæcophanes, &c. *par qui l'on veut dire* apparence d'incongruité & de solœcisme, morceau de chair qu'on trouve sur le front d'un poulain naissant; mauvaise coutume, pâté, erysipele & quelques autres que ie n'ay pas dis, *comme sesamoïdes veratre sorte d hellebore. Ceras corne c. hesperion ceras promontoire de Libye* sont encore n. Les suivans sont de divers genre, savoir du m. & du n. sal sel : *car il est tonsieurs m. pris pour une parole de raillerie,* & vulgus populace. Du m. & du f. finis, dies, &c. *c'est à dire* fin, jour, *dies iours au pl. est plutôt m.* fosse, le derriere, collier, cenchris cenchridis sorte de serpent, *car lors qu'il signifie une sorte d oyseau il est seulement f. Les mos suivans signifient* graisse, figue qui n'est pas meure, provision, sorte de barque, caverne, limaçon, caillou, tronc ou racine d'arbre, aventin. Ceux-cy sont plus souvent m. anguis cortex, &c. *c'est à dire* serpent, écorce, pierre ponce, tuile creuse, talon, pigeon ramier. Ces autres sont plus souvent f. grus grue, onix pierre pretieuse est f. Et m. *lors qu'il signifie une sorte d albâtre ou un vase fait d'albâtre,* linx, taupe, couleur rouge, perdrix, daim, serpent. Les Latins se servent de tuber dans toutes sortes de genres, qui dependent de la diverse signification qu'ils luy donnent. *Hic tuber signifie donq une azerole qui est le fruit d une espece d arbre nommé azerolier, hæc tuber l arbre même, hoc tuber enflure ou trufe.*

DE LA DECLINAISON DES NOMS.

Le nom composé est decliné comme le simple, excepté exanguis hujus exanguis qui n'a point de sang & quelques autres *par ex. centimanus a um qui a cent mains.* On decline les deux nominatifs qui composent un nom *respublica reipublicæ république, iusiurandum iurisiurandi iurement.* Alteruter alterutrius l'un ou l'autre ne decline pourtant pas le nomin. alter autre : *ni leopardus le nomin. leo.* Dans les noms n. faites trois cas semblables, savoir le nomin. le voc. & l'ac. ausquels vous donnerez la terminaison a dans le plur. *Dequoy l'on excepte pourtant duo. ambo tempe, &c.* Le nom & le voc. sont encore ailleurs semblables, mêmes dans le sing. Toutesfois les noms Grecs ôrent au voc. l's. qu'ils avoient au nomin. *Æneа, Anchise, Socrate, Orpheu, Panthu, Pari, Calcha, Orestes, Thyestes & les autres noms Grecs en tes de la 1. decl. ont ta au voc.* Dominus & les autres semblables ont e en ce même cas. *Domine, Pie, Delie, Laertie.* Ces deux derniers sont les epithetes d'Apollon & d'Vlysse. Vous direz neamoins ô Deus au voc. & ô Mercuri ôtant la syllabe us des noms propres en ius *par ex. de Caius Pompeius Virgilius.* Vous dirés encore mi, fili, geni. & ferés toûjours les abl. plur. semblables aux dat. qui sont terminez en is *dans les 2. premieres declin. & en bus dans les 3. autres.* Tous les cas qui suivent le g. s. dependent de luy. C est pourquoy *magister par ex.* n'a pas au d. *magistero mais magistro.* L'acc. s. forme l'abl. du même nombre ôtant la lettre m. ou n. Ainſi l'abl. Circe vient de l'ac. Circen, & domino de dominom, *comme on l'écrivoit autrefois & comme on le prononce encore aujourd'huy.* La ſyncope ôte du milieu des mos ce que l'Epentheſe ajoute *par ex. dans dî pour dii dieux. Quiritium des Romains alituum pour alitum des oyſeaux. Ce qui a lieu encore hors les noms. Car on trouve ſurpite pour ſurripite prenez, acceſtis pour acceſſiſtis vous vous eſtes approchez, diſſoluerunt pour diſſolverunt : Et autrefois on diſoit inſpetraſſó pour impetravero.*

Premiere Declinaiſon.

La 1. declin. a 4. terminaiſons, ſavoir trois Gréques as *c. Æneas,* es *c. Anchiſes,* e *c. Penelope,* & une Latine a *c. Muſa, A la.* Vous apprendrez icy les cas que ces trois terminaiſons Gréques ont differans des Latines. *On dit donq par ex. N. ſ. Æneas, v. & abl. ænea, g. & d. æneæ, ac. æneam ou ænean. N. ſ. Æneades, v. & abl. æneade, g. & d. æneadæ, ac. æneaden. N. v. d. & abl. ſ. Epitome, g. epitomes, ac. epitomen. Le plur. de tous ces noms eſt le même que dans la decl. Lat. Epitoma epitomarum, Æneadæ Æneadarum.* Ces mots unus uter, &c. *qui ſignifient* un, lequel des deux, ni l'un ny l'autre, ſeul, aucun, autre, tout font ius au g. & au d. i. pour tout genre. Autrefois le g. de la 1. decl. étoit terminé en ai, *c. pictai pour pictæ,* ou en as *c. familias qui eſt de-*meuré dans les noms compoſez *c. pater familias* pere de famille. Les noms propres Grecs en a *par ex. Maia la fille d'Atlas & la mere de Mercure* forment leur ac. en am ou en an. Ces mos filia, &c. *par qui l'on veut dire* fille, déeſſe, affranchie, cavale, mule, deux, toutes-deux, ſouvent même ceux-cy anima, &c. âme, aneſſe, compagne & femme eſclave auront abus au d. *& à l'abl.* plur.

Seconde Declinaiſon.

La 2. decl. a huit differans nomin. dont il y en a trois qui ſont Grecs & 5. Latins. Les exemples que j'en rapporte ſignifient Orphée, Ilion, Samos, temple, maître des eſclaues, ſou, garſon, homme. Tous les noms en ir ou en ur augmenteront leur g. c. vir viri, ſatur ſaturi, avéque ceux-cy vieux, gendre, libre *qui eſt ſouvent l'epithete de Bacchus,* adultere, boſſu, les compoſez de gero & de fero *c. armiger écuyer d'armes, peſtifer mortel.* Beau-pere, enfant, étranger, heureux. Les noms propres terminez en iber *ſavoir Celtiber Celtiberien & Mulciber Vulcain,* ou mêmes *Iber* ſi on le trouve au lieu d'*Iberus,* tendre, miſerable, déchiré, âpre, droit. Ces deux dèrniers ſouffrent ſyncope. *Car on dit dextri pour dexteri & quelquefois aſpri pour aſperi.* Remarqués ces cas Grecs ſavoir les g. s. Androgeo & Tereos pour Androgei & Terei. Et les ac. encore s Orpheon & Orphea avéque le g. pl. Cimmeriôn pour Cimmeriorum. *Neanmoins l'ac. Orphea & le d. Orphei pour Orpheo ſont plutôt de la 3. decl.* Remarquez encore ces autres cas dans ambo & duo. d. & abl. obus ac. maſc. os & o. ac. neutre o.

Troiſiéme Declinaiſon.

La 3. d. a toutes les terminaiſons Latines excepté u & m. *Comme on le peut voir dans les ſuivans exémples : aroma épicerie, ſedile ſiége, gummi & les autres noms en i ſont indeclinables : quelques-uns neanmoins diſent au g ſinapis & ſinapeos. Pavo pan, moly ruë ſauvage eſt encore inded. Quelques Grammairiens donnent à miſy que Dioſcoride prend pour une eſpece de ſuc congelé ce g. Greq miſyos, & ces Latins miſyi miſys ou miſus, lac lait, Bogud nom propre, ſol ſoleil, crimen crime, laquear plancher, æſtas été, caput tête, dux capitaine.* Les cas Grecs les plus ordinaires dans cette decl. ſont le g. ſ. en us *c. Dido Didonis Didois* Didûs, on en os *c. Æneis Æneidos* L'ac. ſ. en a *c. Hector Hectorem ou Hectora:* Enfin l'ac. pl. en as. *Tros* Troas. *J'ay dit les plus ordinaires. Car il y en a d'autres, mais peut-être moins communs c. l'ac ſ. en o per miſeram Dido, & le g. pl. en ôn.* Le nom en a ajoûte tis *au g, poema poematis* poeme. Mais le nom en o ajoûte nis *c. hic harpago harpagonis* croq, *hæc unedo unedonis* une ſorte de fruit ſemblable aux frezes. Pluſieurs font inis, comme ceux qui ſont finis en do & en go s'ils ſont du g. f. *Car les m ſuivent la régle generale. Macedo Macedonis Macedonem. Ligo ligonis* boyau. On donne encore inis à ces noms margo. *&c. dont voicy la ſignification,* marge, ordre, Apollon, Cupidon ou concupiſcence, nul, homme, tourbillon de vent toupie, gond. *Caro* chair veut *carnis.* Le nom en e doit étre changé en is *c. hoc cubile* lit, *hujus cubilis.* On met is apres les noms en c, d, l, *comme hoc halec ou hæc halex baring ou certaine ſauſſe de poiſſon, hujus halecis. Bogud Bogudis nom propre, vigil vigilis qui veille.* Neanmoins Lac lait eſt excepté & demande lactis. Mel miel & fel fiel doublent l'l mellis fellis. On met encore is apres n. *N' le nom rend l'vn des deux reins.* Mais le nom en cen c. *tibicen ioueur de flûte* & en neutre c. *flamen fleuve*, *gluten colle* reçoit inis avec *pecten*, &c. *qua l'on explique* peigne archet ou navette, prétre de faux dieux. Horizon & quelques noms propres Grecs c. Ctesiphon font onis. R. a ris en joignant is *hoc uber huius uberie mammelle*. Far a farris put froment, hepar hepatis foye. Il faut changer ber en bris *celeber celebris celebre*, cer en cris *volucer volucris volant*, acer acris acre fort g. *acris*: Enfin ter en tris dans les noms Latins *accipiter accipitris espervier : aioûtez pater patris pere, mater matris mere.* Mais ter dans les noms Grecs joint seulement is c. *hic panther pantheris panthere*, avéque ce nom Latin Later lateris tuille. Iter veut itineris chemin, Iupiter veut Iovis, & cor cordis cœur. Iecur, &c. foye, cuisse, le plus dur chêne ou la force, yvoire font oris *iecur iecoris & autrefois il avoit même iecinoris*. Le nom en as prend atis au g. c. humilitas humilitatis bassesse : Les masculins Grecs antis. *Elephas elephantis, Pallas pallantis nom d'homme.* Les autres adis c. *hac lampas lampadis lampe, hæc Pallas palladis la déesse Pallas* : comme encore ceux-cy Nomas Arcas, Nomade Arcadien *Peuples*. As douse onces voudra assis. Hoc vas vaisseau vasis, hic vas caution vadis, mas mâle maris. Es est changé en is *clades cladis grande perte.* Neanmoins ces mots Latins locuples riche, quies repos, avec quelques Grecs c. hic lebes un chaudron, Chremes nom d'homme font declinez par etis. *Quelquefois pourtant on dit Chremis.* Ces noms præpes & les suivans prompt, cylindrique, interprete, muraille, continuel, hebeté, blé qu'on n'a pas encore moissonné, grosse couverture, bellier, sapin font etis bref *avec indiges indigetis tutelaire.* Æs airain veut æris. Pubes qui commance à avoir du poil follet & Ceres *Ceres* pain, veulent eris.. *Pubes pubis est le poil follet même.* Pes pié fait pedis. Le nom venant de sedeo, c. *obses ôtage* idis, *obsidis.* Heres heritier avéque merces recompense prend edis long. Præs répondant prædis *&* bes huit onces bessis. Ces noms fomes, &c. *qui signifient* méche ou allumette, perche d'oyseleur, goufre, gazon, sentier, jarret, limite, poignée d'épis, branche de vigne, branche d'arbre avéque le fruit, marteau reçoivent itis avéque ceux qui sont de commun genre c. *sospes sain superstes survivant.* Is n'est point changé, mais avéque promulsis sorte de boisson faite de miel, ces quatre *noms* capis, &c. *qu'on explique* tasse ou pot à anse, une pierre, pointe, casque font idis. *Hic cassis huius cassis est une rets.* Lis procés, Quiris Romain, dives riche, & Samnis Samnite auront itis. Mais pulvis poudre & cinis cendre voudront eris. Glis loir fait gliris, semis ou semissis six onces moitié fait semissis, sanguis sang sanguinis. Mais le nom Grec en is est decliné par idia ou idas, c. *Ægis ægidis ou ægidos l'écu de Iupiter & de Pallas fait de peau de chèvre*, par eos ou ios c. *Genesos qui a encore au g. Genesis Genese.* Quelques-uns ont entis c. Simois Simoentis fleuve de Troye. *Servius neanmoins a dit au g. Simois & à l'ac. Simam.* Charis l'une des Graces veut Charitis. Le nom en os c. *dos dot* prend otis. Os la bouche fait oris avéque ces 4. glos, &c. belle-sœur, la sœur de mon mari la femme de mon frere ma. belle-sœur, fleur, rosée, comme *Honos & les autres semblables font oris, mais c'est qu'on dit encore honar bonneur, arbos ou arbor arbre.* Os un os a ossis. Thos, &c. une sorte de loup, Minos Roy de Crete, Heros, Troyen ont ois. Bos un bœuf ou une vache bovis. *Ce nom est encore plus irregulier au plur. boves boum bobus ou bubus.* Custos gardien ou gardienne veut custodis. Le nom en us veut oris bref c. *tempus temporis temps* : mais le comparatif en us veut oris long *fortius fortioris plus fort.* Vellus & les suivans toison, genre, herbe dont les hommes mangent, ulcere, quelqu'une des entrailles, paille ou vanure des grains blessure, accord & alliance, pois, funerailles, ouvrage, peloton, materiaux, prefent, côté desirent eris Vous leur ajoûterez ces autres noms sydus, &c. astre, charge, crime, Venus, vieis Tellus terre, comme les noms d'une syllabe *en us par ex. ius bouillon Iustitiæ* a uris. Grus gruë, & sus cochon ou truye donnent uis. Intercus qui est entre cuir & chair intercutis. Le g. pecudis d'une bête n'est fait d'aucun nominatif. Palus marais prend udis, avéque subscu s queuë d'éron- delle ou cheville attachant deux pièces de bois, enclume. Les autres fem. ont utis. c. *virtus virtutis vertu salus salutis salut. Quelques lieux des Grecs ont untis par ex. Opus Oponte ville. Comme le composé du mot grec pous donne odis, par ex. Oedipus Edipe, tripus trepié*, ainsi laus louange & fraus troul crie donne audis. Le nom fini en ys veut yis, yos ou ys. c. *Atys enfant aimé de Cybele A· It*

Atys Atys, ou ydis & ydos *o. Chlamys casaque chlamydis ou chlamydas.* Les noms en bs & ps mettent i au genit. entre le b ou le p & l's. *Plebs plebis le petit peuple, stips stipis monnoye.* Ceux qui ont plus d'une syllabe changent l'e en i c. *Calebs calibis qui n'est point marié, forceps forcipis tenaille.* Puls boulye aura pultis, hyems hyver hyemis, caput tête capitis, auceps oyseleur aucupis : occiput derriere de la tête occipitis, biceps qui a deux têtes bicipitis. Vous declinerés de la même façon tous les autres *noms composez de caput.* Ns & rs perdant l's font tis *frons frontis front, lens lentis lentille, ambiens ambientis environnant, expers expertis privé de quelque chose.* Ceux-cy *neanmoins font* untis quiens pouvant queuntis, iens allant euntis. Lens *lors qu'il signifie* une lende & frons, *lors qu'il signifie* une feuille *ons* dis. Glans aussi, gland. Nefrens cochon sevré, & le nom composé de cor c. concors, ou de libra livre & de pendere peser, savoir libripens qui pese. *Gryps griphon, Cynips fleuve de Libye & cinips cousins moucherons ont phis au genit.* Il faut changer x en cis c. fœx fœcis boue : Mais ces mots lex lrux, &c. loy, blé ou fruit, fontenier, roy, troupeau, rameur, mari ou femme, avéque plusieurs noms Grecs, c. *styx le marais d'enfer, cocyx coucou, & Biturix de Bourges, &c.* changent l'x en gis : Mastix mastiq, hæc onix pierre pre-tieuse de la couleur de l'ongle caffidoine, hic onix albâtre, *callitrix gnomon & capillaire herbe,* en chis. *Dioryx fossé mine en ygis ou ygbis:* Quelques-uns c. Hylax nom de chien, Astianax fils d'He-ctor, en actis. Les noms de plusieurs syllabes prennent un i au lieu de l'e, *par ex. index indicis ce-luy qui montre quelque chose.* Exceptez resex, &c. courson sarment pour conserver la vigne, belier sorte de sausse & de poisson, fontenier, myrmex nom d'homme, faucheur de foin, bâron leger. Dites noctis, &c. venants des nominatifs nox nuit, senex vieillard, nix neige. Supellex menage veut avoir supellectilis, de son ancien nominatif *supellectilis.* Tussis, &c. toux, cordeau à mesu-rer, force, manche de charrue, soif, Tigre fleuve, piéce de dix sols, Sône, Tybre, enroûment, hache prennent im à l'acc. Ioignés à bassin base, & à eclipsin eclypse les autres ac. Grecs qui de-mandent in c. *Syrtin détroit de mer dangereux.* Clavis, &c. clef, semaille, fiévre, bassin à laver les piez, navire, pouppe ou derriere du navire, tour, chanvre, corde donnent em ou im. Les noms substantifs veulent à l'abl. sing. c. stemma armoiries stemmate. Les neutres *neanmoins* en al c. animal, ou en ar c. *calcar éprou* ou en e c. *cubile lit* veulent i. Hepar le foye est excepté, & far fa-rine de pur froment, avéque les noms qui dans les Poëtes ont e *au lieu d'i c. abl. mare pour mari* mer, & nectar boisson des Dieux, Nar la Nera riviese d'Italie, Iubar splendeur des Astres, sal sel. *On dit encore gausape à l'abl. S. & gausape au nomin. plur. cape.* Lisez au cōmencement *des regles* la terminaison que les autres noms, à l'accusatif desquels on peut ôter la lettre m ou n, doivent avoir. *Car navis par ex. fait nave ou navi. Atys Atyn & Atyn abl. Aty.* Mais exceptez Capys abl. Capye nom propre d'homme. Mæotis Mæotidis Mæotim Mæotin Mæotidem ou Mæotida abl. Mæotide. Daphnis Daphnidem Daphnim & Daphnin Daphnide. Boetis Boetim Boeti & Boete Gadalquivir riviere, & semblables, Syrtis Syrti & Syrtæ. Dites seulement à l'abl. Arare d'Araris la Sône, & reste de restis corde. Et au contraire vecti seulement levier, strigili étrille, canali canal. Les noms des mois terminez en is c. *Quintilis Iuillet & en ber c. September Septembre* prennent encore i. Avis, &c. oyseau, champs, trident, meuble, citoyen, feu, riviere, ongle, pluye veulent i ou e. Si le neutre des noms adjectifs est en e c. dulcis dulce doux, ils font seule-ment i à l'abl. avéque memor qui se souvient & par pareil: Les autres font i ou e, c. uber uberi ou ubere abondant. *A ces adjectifs on ioint les noms verbaux en trix c. victrix ou victrici victorieuse. Servius a même dit debitricia arva.* Hospes, &c. Hote, sain, vieil, pubere, povre, ieune ont e avéque les participes, si vous ne les rapportez nulle part c. *presente vidente que populo,* en la presence & à la veuc du peuple. L'abl. s. en i donne au nominatif, voc. & abl. pl. *ia c. cubile lit cubilia.* Mais le nom comparatif sera excepté majus plus grand *maiore ou maiori maiora,* comme vetus ancien, & plus qui ordinairement a plura, *& quelquefois pluria.* Les noms Grecs ont au g. plur. ôn c. *epigrammatôn,* dioecéseon : S'ils ne sont declinez comme les Latins *epigrammatum dioecesium:* Le g. pl. en ium est formé de l'abl. s. en i. Exceptez neanmoins les comparatifs, quoy que plus ait plucium. Exceptez pareillement vetus, &c. ancien, abondant, qui est entre les premiers d'une ville suppliant, qui se souvient, un athlete qui combat à coups de poing, qui n'est pas en son pou

voir , qui a en son pouvoir, povre, les derivez de *facio* ie fay, de *capio* ie prens , de *pes* pié , & de
genus genre, *par exemple artifex artisan, municeps bourgeois, alipes qui a des ailes aux piez, degener*
qui degenere. Vigil. &c. veillant, riche, participant, qui vit dans le celibat, apprivoisé oyseau ont
encore um. Le nom en es ou en is ne croissant pas au g. *c. cædes cædis meurtre, ignis ignis feu:* Le
nom en as ou adiectif *c. nostras de nôtre pays*, ou d'une syllabe seulement *c. mas male.* l'aioûte le
nom en is qui n'est pareillement composé que d'une syllabe seulement *par ex. lis procés*, comme
encore celuy que deux consonnes finissent, pourveu qu'il soit aussi monosyllabe comme trabs
poutre : Enfin le nom terminé en ns comme *infans* enfant demandent ium. Vous excepterez
compages, &c. jointure ou assemblage, détours, chantier, devin ou Poëte, ieune, étrille, volant,
chien, pain, linx, sphinx, richesses, gryphon. Linter, &c. barque, ventre, fournaise, chair, Samnite, Romain, outres, coeur, rat, croix, pareil, cohorte, dot, pierre à aiguiser , sel , atre ou feu,
gorge, neige, nuit, les derivez d'as *c. bes huit onces* veulent ium. Aioûtez palus marais , aioûtez
os qui aura orium des bouches , & ossium des os. Vous trouverez en lisant que les noms des
fêtes ont au d. & à l'abl. pl. ibus, encore qu'il n'ayent *pas seulement ium, mais* orum à leur genit.
c. Saturnalia fêtes de Saturne, parentalia services pour les deffunts. Neanmoins on dit seulement Flora-
lium des ieux instituez en l'honneur de la Déesse Flora, & c. natalitiis aux celebritez de la naissance.
Tout nom fini en ma a plus ordinairement tis au d. & à l'abl. pl. *epigrammatis plutôt qu'epigram-*
matibus. L'ac. Grec est quelquefois terminé en ys par contraction. *c. Pavidas Erynnys pour Eryn-*
nyas des furies tremblantes. Seneque dans l'Oedippe & Homere dans le 1. l. de l'Iliade. Les Latins
ont pareillement retenu ces autres ac. & nom. Grecs Syrteis Sardeis Tralleis Alpeis qu'ils écrivoient
encore par un i long. Cræsi regia Sardis. Cela arrivoit particulierement aux noms qui avoient ium urbium
urbes ou urbis, monteis. Neanmoins on disoit encore celereis, fortioreis, sanctioreis. Et au contraire axes
essieux, merces marchandises. L'abl. Grec est en sin. *c. in Ethesin dans les mœurs.* Dryasin *pour Drya-*
dibus Dryades.

Quatriesme Declinaison.

Autrefois la 4. decl. a donné au genit. ces terminaisons i, üis, *d'où la contraction est aujourd'huy*
demeurée fructûs, & au d. u. *c. metu pour metui.* Ce qui n'est plus en usage. Le nom en u. est im-
muable au nombre s. *c. comme cornu corne.* Iesus *dans les cas obliques,* excepté l'ac. en um a cette seule
terminaison *Greque,* u. Les noms suivans artus, &c. membres, enfantement, tribu , lac, caverne,
arc prennent au dat. *& à l'abl.* pl. ubus. Et ceux-cy ibus ou ubus , genu &c. le genou, broche,
port.

Cinquiesme Declinaison.

Autrefois le genit. de la 5. faisoit e, ü, ou même es *c. die Virg. perniciæ Cic. illius dies Cic. selon*
Gelle 9. 14. Et vous pourrez voir que le d. a souvent eu e. *c facie pour faciei Gell. ibidem.* A peine de-
clinerez-vous icy les noms au plur. nombre, excepté effigies *species,* &c. image, espece, face,
chose, iour, esperance, race. On ne lit nulle part le genit. pl. sperum, ni le dat. & l'abl. spebus.
Même les autres noms n'ont presque point semblables cas : vous excepterez ces deux, qui sont
tres-communs *dans tout le n. plur.* Diesiour & res chose.

DE LA COMPARAISON DES NOMS.

Tout comparatif est formé du cas terminé en i, savoir du genit. de la 2. decl. ou du d. de la 5.
Doctus savant, docti doctior, fortis forti, fortior plus fort que. Exceptez sinister qui est à gauche sinisterior, bonus bon, melior meilleur, parvus petit, minor plus petit, multus beaucoup,
plus d'avantage, malus mauvais, peior pire, magnus grand, maior plus grand. Les noms terminez en dicus *c maledicus médisant,* & en ficus *c magnificus magnifique* desirent entior au comp. *Rap-*
portez à ces noms les autres qui sont formez de volo ie veux, c. malevolus malevolentior, & le loquor c. va-
niloquus diseur des choses vaines, vaniloquentior. Ciceron pourtant a dit breviloquentem & non pas bre-
viloquum. Comme iuvenis ieune fait iunior, ainsi nequam méchant fait nequior plus méchant,
& nequissimus tres-méchant, quoy qu'on ne dise point iuvenissimus tres-ieune.
Le nom adiectif en er adjoûte rimus, & de la sorte forme son degré superlatif, *c pulcher pulchrior*
pulcherrimus ie plus beau de, ou tres-beau. *acer ou acris acerrimus fort âpre.* Exter ou exterus aura ex-

tremus ou extimus le plus éloigné. Citer qui est un mot hors d'vsage, veut citimus fort pres, Dans les autres noms, ces deux syllabes ssimus augmentent les cas finis par i. *c. Sancti du sainct. sanctissimus tres sainct, Prudenti au prudent, prudentissimus tres-prudent :* Exceptez superus, eslevé superior supremus & summus, posterus qui est apres, posterior postremus & postumus, inferus qui est dessous inferior, infimus & imus. On dit encore maximus tres-grand, optimus tres bon, minimus tres-petit, plurimus en grand nombre: Ajoûtez pessimus tres-méchant. *D'intra dedans viennent interior intimus intime, & de vetus* veterrimus tres-vieil. Aux noms que nous avons déja dits être terminez en dicus ou ficus, vous donnerez un superl. fini par entissimus, *excepté mirificus merveilleux qui a mirificissimus.* Ce mot maturus meur fera maturissimus ou maturrimus. Ces autres feront llimus. Savoir similis semblable, gracilis qui n'est point gros, facilis facile, humilis bas humillimus, &c. fort bas. Imbecillis foible fait encore imbecillimus, ou imbecillissimus, *parce que l'on dit aussi imbecillus.* Si une voyelle dans les noms adjectifs precede leur syllable us, *c. anxius qui a du soin & qui se tourmente,* à peine croissent-ils par ces degrez de comparaison: Mais ils prennent magis, *plus c. magis anxius qui est dans une plus grande inquietude,* & maxime *c. maxime anxius infiniment embarassé.* Ils prennent encore minus moins *& minime nullement. Il arrive quelquefois autrement que ie n'ay dit: car assiduus par ex fait assiduior assiduissimus.* Outre les adiectifs terminez par *us pur,* il y en a d'autres incomparables, *c. duplex double, & observandus qu'il faut remarquer.* Il y en a qui manquent seulement de quelque degré de comparaison, *par ex. de positif, deterior deterrimus celuy qui vaut le moins, ocyor ocyssimus tres-vîte, prior primus premier: De comparatif c. invitus invitissimus bien contre son gré, novus novissimum dernier, De superl. senex vieil senior.* Les comparatifs *& les superlatifs viennent quelquefois des pronoms, des verbes & des autres parties du discours. Ante devant anterior, prope pres propior ou proximior proximus, licet il est permis licentior, ipse ipsissimus luy-même.*

DES NOMS IRREGVLIERS ET DEFECTVEVX.

Ceux de divers genre. Tartarus & Avernus noms d'un lac de la Campanie qu'on a pris pour l'Enfer, sont masc. au s. & neutres au pl. où l'on dit hæc Tartara, hæc Averna. Hic sibilus sifflement & hic iocus raillerie, font hæc sibila, hæc ioca, ou hi sibili, hi ioci. Au reste de locus lieu, on fait encore loca & loci, mais d'ordinaire loci ne signifie rien que les lieux d'où l'on tire les argumens. Ces deux noms Carbasus voile de fin lin, & supellex meuble sont f. au nombre s. & neutres au pl. Comme cælum ciel veut au pl. cæli: ainsi Elysium les champs Elysées, Elysii. Mais frænum bride avéque rastrum râteau desire deux nominatifs pl. rastri ou rastra, fræni ou fræna. Ces trois noms delicium delice, epulum festin, balneum bain sont terminez par æ au plur. nombre. Pourtant vous trouverez souvent balnea balneorum. *Ie laisse les noms propres irreguliers c. Solyme & Solyma Solymorum Hierusalem, avéque les autres, qu'on peut remarquer dans les rencontres.*

Ceux de diverse declinaison. Iugerum deux arpens de terre ou autant qu'une paire de bœufs en peut labourer dans vn iour, à iugeri au genit. encore qu'il soit de la 3. decl. au plur. nombre iugera iugerum. Domus est de la 2. & de la 4. decl. *N. v. s. & pl. domus. g. domi, c. est domi il est dans la maison, ailleurs domus. d. domui. ac. domum abl. domo & anciennement domu. G. pl. domorum, & quelquefois domuum, d. & abl. domibus. ac. domos & domus.* Vas & vasis vase, & au plur. vasa vasorum. De vis force on forme irregulierement vires les forces: où il faut remarquer que les anciens, *comme Saluste,* ont dit vîs pour vires.

Les noms defectueux en nombre Ceux qui signifient les fruicts de la terre, *c. oriza du riz, & même plusieurs plantes, c. byssopus ou byssopum, salvia sauge.* Ceux encore qui signifient les metaux, *c. aurum de l'or avéque vitrum du verre,* les ages, *c. infantia enfance.* Les vertus & les vices, *c. sapientia sagesse & inertia paresse,* à peine ont-ils de plur. nombre. Ce qu'il faut encore entendre des noms suivans, qui signifient attours & ceinture ornemens des femmes, mer, fumier, ciel, limon, sommeil, honte, sang, nul. On peut mettre vnus una unū au plur. si on le joint avéq un mot qui n'ait point de sing. *c. una littera une lettre.* Ces noms f. sitis tbes, &c. soif, maladie où l'on desseche, naturel, terre, renommée, mal contagieux, colere, humeur, poil qui vient en l'âge de puberté, enfant, bile. Ajoûtez salus salut, & humus terre. Ajoûtez encore ces neutres barathrum Hir, &c. lieu profond, la palme de la main, rien, pot au lait, mer, fiel, petit-peuple, foye, gel, poison, nitre,

mort , chaos , tab'e blanche , vacations de iustice , splendeur des astres, pourriture dans vn animal, cole. glu, enforcelement, yvoire, osier, durillon, milieu de la terre ou de quelqu'autre chose que ce soit, ordure des apostumes: Tous ces noms manquent de plur. nomb. avéque ver printemps. Ceux-cy au contraire sont seulement plur. cani, cancelli, &c. cheveux blancs, chassis, calendrier, tillac ou loges, les mois des femmes. On ajoûte sines, &c. limites, ancétres, posterité
lieux de plaisance, extraction, tablettes, codicilles, faisceaux de verges & marque d'autorité, premiers rangs des vignes & iambages, loups-garous, dieux du Ciel, dieux de l'enfer, membres, es-
pris des trespassez, crasse de la téte, ieux publics, dieux domestiques. Ces f. pareillement n'ont
que le pl. nomb. cunæ, gerræ. &c. berceau, choses de neant & impostures, petites noix tendres
& bagatelles, amusemens, niaiseries, guet, les biens, noces, embusches, bergerie, nones, ca-
lendes, restes, imprecations, bât, tréves, ides, fétes, prieres & sacrifices pour les morts, funerailles, balais, second rang & attierefaix, factions, premiers fruicts, butin, adjudications, ordu-
res & choses de nulle valeur, menaces, étuves, harnois, obscurité, marché & foire, richesses,
les deux battans d'vne porte, graces, lettre ou letres, Athenes, *& semblables c. Mycena.* Vous
ioindrez à ces f. les neutr. suivans *præbenda repotia.* &c. Les choses qu'on fournit necessaires à
la vie, festin qu'on fait apres celuy des noces ou de la naissance d'vn enfant, biens, vieux fers ou
vieux haillons, berceau, les biens qu'une femme apporte outre la dot. dessert, armes, ioüet d'enfans, lieux où les bétes & les femmes publiques se retirent, *car lustrum espace de cinq ans est sing.*
papiers où l'on écrit à la rencontre & indifferemment, les parties qui sont autour du cœur, re-
medes contre l'enforcelement, *on les appelle encore probibia.* entrailles, presens que les Romains
faisoient aux Ambassadeurs étrangers, services pour les deffunts, charge, fiançailles, *on dit spon-*
salia sponsalium, & quelquefois sponsaliorum, camp, *d'où vient hyberna hybernorum, & semblables*
camp ou quartier d'hyver, car on sous-entend castra, murs de la ville, bancs de table, cabanes, bible,
actes.

Les noms indeclinables. Ne declinez ni les noms des nombres comme *quatuor* quatre, *centum*
cent, *mille* mil, ni les noms terminez en i. c. *gummi* gomme. *Quelquefois ils sont f. selon leur ter-*
minaison & declinables, hæc gummis huius gummis, hæc synapis huius synapis moutarde: ni les noms
des letres c. *alpha beta.* Entre les nombres vous excepterez *unus* un, *duo* deux, *tres* trois, & *mil-*
lia millier avéque le nom qui descend de *centu* dont vous avés un exemple en *ducenti* deux cens.
Ceux-cy sont encore indeclinables *hir.* &c. la palme de la main, *auquel pourtant Priscien donne hi-*
ris, cape, livre, c. *pondo unum, centum pondo,* oignon, autant que. On ajoûte leurs composés c.
totidem autant, *quotcunque* tant qu'ils sont, & *frit* &c. le haut de l'epy, poivrette, méchant ou mé-
chans, avéq quelques noms propres c. hoc *Cherub* & hæc *cherubim,* Iob *Adam,* lieux de plaisance, Præneste *Core Nepet,* villes d'Italie, *Prænestis est f. dans Virg.* Enfin les mots pris pour eux-
mémes.

Ceux-cy n'ont qu'en cas. Incita ou incitas dernier rang d'un d'amier, *redactus ad incitas: qui a échec*
& mat, qui est reduit à l'extremité, dicis *causa par* forme, *ire* inficias nier. Mancipi *pour mancipij,*
or mancipium signifie esclave ou domaine. Ingratiis, *ou par contraction ingratis,* tuis ingratiis, malgré
vous. Ambage n'a que l'abl. sing. *au pl. on dit ambages ambagibus* ambiguitez. Crate claye. On trouve *pourtant cratim & cratem & le pl. crates.* Le mot composé de modus & d'un pronom n'a que
le g. c. *istiusmodi de cette façon.*

Les noms qui n'ont que deux cas. Ces trois sont au nomin. & au voc. Iupiter *pour Iovis pater,* le
Dieu Iupiter, exspes sans esperance, macte au sing. & au pl. macti croissez ou courage. Le gen.
verberis du foüet veut l'abl. verbere c. impetis d'impetuosité, & spontis de soy-méme veulent
impete & sponte. Suppetiæ aide donne suppetias. Ces nomin. encore præsto preparé, necesse
ou necessum necessaire, & volupe agreable, ont pareillement l'ac. Quelquefois on dit astu à l'abl.
mais à peine dit-on au nomin. astus finesse.

Ceux qui en ont trois. Hoc specus caverne est au nomin. voc. & ac. *avéq hoc penus provision, &*
au plur. penora. On adjoûte hoc instar, &c. façon, ressemblance, rien, ce qui est permis & ce
qui ne l'est pas. Le g. feminis de la cuisse desire ces cas femini & femine. A preci donnés precem

&

& prece priere. Tantumdem autant eſt au nomin. & à l'ac. tantidem au g. De dica ajourne-
ment procés, tirez dicam & dicas. Ioignés au g. tabi, le d. & l'abl. tabo pourriture d'ulcere. Siremps qu'on diſoit pour ſimilis reipſa ſemblable par effet eſt au nomin. & au voc. L'abl. eſt
ſiremps.

Les noms qui en ont quatre. Vis force veut huius vis avéque vim vi. Le g. pecudis du bétail veut
le d. l'ac. & l'abl. Vicis viciſſitude tour, primoris & proceris qui eſt des premiers d'une ville, luy
ſont ſemblables: *Excepté pourtant l'abl, de ces derniers qui eſt terminé en e ou en i.* Ditio domination
eſt hors d'uſage au nomin. & au voc. Plus manque de voc. & de datif. L'adjectif ceteta ceterum
autre, eſt ſans maſc. au nomin. & au voc. ſinguliers.

Ceux qui ont cinq cas Pax, &c. paix, flambeau, meurtre, graces, lie, lumiere, poix, ſoleil, rail-
leries, miel, fiel, viciſſitudes, tache & ruine, roſée, à peine ont-ils de g. au pl. nomb. On leur
ajoûte glos belle-ſœur, & pus ordure d'apoſtume.

Pluſieurs noms ſont finis & declinez diverſement. *Car on dit effectus par exemple & effectum*
effet. Quercus querci ou quercus chéne. A ces irreguliers on en ioint pluſieurs autres c. biduum eſpace de
deus iours qui n'a point de plur. Et au contraire triplices tablettes qui eſt ſans ſing. Quant à damnas que
l'on dit par ſyncope pour damnatus & ſatias pour ſatietas, leurs genit. ſont damnati & ſatietatis.

DES PRETERITS ET DES SVPINS.

On conjugue en méme façon le verbe compoſé & le verbe ſimple, *comme lego legi lectum legere*
lire, perlego perlegi perlectum perlegere lire entierement. Ceux qu'il faut excepter ſeront marqués apres.
Lors que la premiere ſyllabe du preterit ſimple eſt redoublée, pluſieurs verbes compoſez perdent la premiere ſyllabe de ce redoublement. c. cado ie tombe, cecidi: recido ie retombe recidi. Ceux-
cy la retiennent præcurrere courir devant, repungere repiquer, & les compoſez de ſtare étre debout, dare donner, poſcere demander, diſcere apprendre. Auſquels ſouvent vous joindrez ex-
currere faire des courſes, concurrere concourir, decurrere courir d'un lieu; procurrere courir
loin. Si l'a du verbe ſimple eſt changé en i, c. facio efficio ie fay: le ſupin du verbe compoſé
prend e. Neanmoins ni les compoſés des verbes en go c. exigo, ni ceux d'habeo, c. prohibeo ie
deffens, de cado c. occido ie meurs, de ſtatuo c. conſtituo i'établi, de ſalio c. exſilio ie ſors, de placeo c.
diſpliceo ie deplay ne ſuivent pas cette regle. Les verbes qui n'ont point de preterit n'ont point
non plus de ſupin, c. gliſcere croitre & les autres que nous verrons apres.

La premiere conjugaiſon veut avoir avi au preterit & au ſupin atum, neco necavi necatum
tuer. Le compoſé de neco prend ordinairement necui nectum, c. eneco enecui enectum eneca-
re tuer. Cubo fait au pret. cubui & au ſup. cubitum ſe coucher. Les compoſés de cubo terminez
en umbo c. accumbo ie ſuis à table ſont de la 3. conj. perdent m, & comme cubo font ui & itum ac-
cubui accubitum Mico ie brille a au pret. micui ſans ſup. Dimico fait dimicavi dimicatum com-
batre. Le verbe ſimple plico ie plie & ſes compoſés font uiitum. Mais pour ſes compoſés, ils
font encore avi & atum c. explico explicui ou explicavi, explicitum ou explicatum. Ceux pourtant qui
ſont compoſés de plico & d'un nom c. duplico ie double, avéque replico & ſupplico font ſeulement
avi & atum. Do ie donne & les compoſés de do de la 1. conj. c. circumdo i'environne font dedi
datum. Frico a fricui frictum frotter. Seco ſecui ſectum couper: Et crepo ui itum faire du bruit,
avéque veto ie deffens, ſono ie ſonne, domo ie domte & tono ie tonne. Lavo a lavi, lotum lautum lavatum laver. Poto potavi potum ou potatum boire. Sto prend ſteti ſtatum étre debout :
mais ſes compoſés c. praſto ie fay i'excelle ont itum ou atum. Iuvo i'ayde a iuvi. Le ſup. iutum
eſt rare hors d'adiuvo qui a adiuvi adiutum. Labare étre pret à tomber & nexare noüer n'ont ni
pret. ni ſup.

Les verbes de la 2. conj. ont au pret. ui & au ſup. itum c. moneo monui monitum monere
avertir. Doceo a docui doctum enſeigner, miſceo miſcui miſtum méler, cenſeo cenſui cenſum
juger faire un denombrement, torreo torrui toſtum rôtir, ſorbeo ſorbui ſorptum engloutir, teneo tenui tentum tenir. Le verbe neutre qui fait au pret. ui c. langueo ie languy, madeo ie ſuis mouillé
n'a point de ſup. non plus que timeo timui ie crains. Exceptez licere étre mis à prix, *car liceri*
c'eſt mettre à prix, placere plaire, carere manquer ou n'avoir point, valere ſe bien porter, parere

obeyr. dolere étre marry, calere étre chaud, iacere étre par terre, nocere nuire, merere meriter porter les armes se prostituer : *mereri meritus sum à la méme signification.* Studere étudier n'a que le pret. studui : mais placeo & liceo en ont deux ui & itus sum. Raudeo fait raucui: & raucio rausi, & rausum étre enrumé. Videre voir a vidi visum, sedere s'asseoir sedi & aveq une double s sessum. Stridere faire un bruit desagreable a le seul pret. stridi. Mordere mordre, spondere promettre, pendere étre pendu, tondere tondre font encore di & sum: mais redoublent la 1. syllabe de leur pret. momordi morsum, spopondi sponsum, &c. Les verbes terminez en veo font au pret. vi & au sup. tum *c. moveo movi motum remuer,* caveo a cavi cautum prendre garde & faveo favi fautum favoriser. Fervere bouillir fait ferbui sans sup. *on trouve dans Terence deferviffe.* Conniveo pareillement, cligner les yeux fait connivi & connixi sans sup. que les autres verbes neutres en veo n'ont pas non plus, comme ils n'ont pas encore de pret. *par ex. flavere iaunir, livere étre livide, cevere flatter comme les chiens, pavere craindre : neanmoins expavere fait expavi.* Maneo a mansi mansum demeurer. Ses composés præminere étre dans la prééminence, eminere paroitre, prominere paroitre en dehors, imminere pancher font au pret. minui & n'ont point de sup. Ridere rire, suadere persuader, mulcere adoucir, mulgere traire le lait, ardere étre brulant, tergere nettoyer, hærere s'attacher ont au pret. si & au sup. sum. Iubere commander donne iussi iussum avéque une double s: Indulgere étre indulgent & torquere tordre tourmenter lancer si tum. Vrgere presser n'a que le pret. en si, avéque fulgere étre resplendissant, turgere étre enflé, algere avoir grand froid. Lugere pleurer, lucere luire, frigere avoir froid n'ont pareillement que le pret. mais fini en xi. Augeo i'augmente fait auxi auctum. De cieo i'excite viennent civi & citum. Cio cis civi citum qui signifie encore exciter est de la 4. conj. Delere effacer avéque nere filer & les composés de pleo inusité *c. repleo ie remply* prennent evi etum. Vieo ie lie & fleo ie pleure ont ces mémes terminaisons *au pret. & au sup.* Mais oleo fait olui olitum rendre quelque odeur. Ses composés le suivent, lors qu'ils ont méme signification *c. redoleo redolui redolitum:* Les autres demandent evi etum, *c. exoleo ou exolesco exolevi exoletum s'abolir.* Vous conjuguerez abolere exterminer par evi itum *& d'abolescere perir ferez encore abolevi,* adoleo *ou adolesco* a adolevi adultum croitre bruler. Audeo i'ose veut ausus sum, gaudeo ie me réiouy gavisus sum, soleo i'ay acoutumé solitus sum, & autrefois solui. Mœreo ie suis triste à mœstus sum, *si mœstus n'est pas plutôt un nom comme enseigne Priscien.* Polleo ie suis puissant, & aveo ie desire passionément, n'ont ni pret. ni sup.

Dans la 3. conj. le verbe terminé en licIO *c. allicio i'attire* & en spicio *c. aspicio ie regarde* demandent exi ectum. Mais elicio ie tire dehors & doucement, elicui elicitum elicere. Sapio ie suis sage a le plus souvent sapui, & quelquefois sapivi & par contraction sapii sans sup. Facio ie fay a feci factum, iacio ie iette ieci iactum, fodio fodi & en doublant l's fossum fouyr, cupio cupivi cupitum souhaiter. Coepi ie commence ou i'ay commencé a coeptum, mais il n'a pas la terminaison ordinaire au temps present. Cepi captum viennent de capio ie prens, fugi fugitum de fugio ie fuy, rapui raptum de rapio ie ravy, peperi partum de pario : il faut pourtant dire pariturum devoir enfanter : comperio ie trouve, avéque les autres verbes qui sont comme luy composés de pario suivent la 4. coni. Le participe passif quassus descend de quatio i'ébranle, dont les composés *c. excutio i'abat* font cussi cussum. Meio *prend* minxi mictum pisser *du verbe mingo maintenant inusité.*

Le verbe en VO veut ui utum *c.* arguo argui argutum reprendre, polluo pollui pollutum sallir, *& semblables descendans de luo inusité pour lavo.* On fait de ruo rui ruitum : mais les verbes composés de ruo *c. corruo ie tombe ensemble,* redemandent utum. Struo donne struxi structum bâtir, & fluo fluxi fluxum couler. Ces verbes luere payer, cluere resplendir étre en reputation, *mais on dit encore cluo cluis,* pluere pluvoir, metuere craindre, congruere convenir. les composés de l'inusité nuo *c.* renuo ie refuse, ingruere fondre dessus, respuere reietter, *aveq batuere battre* ont ui au pret. sans sup. Ceux qui sont finis en Bo *c.* glubo glubis glubere peler ont bi au pret. & bitum au sup. qui manque à scabere gratter & à lambere lécher. Scribo i'écry & nubo ie me marie donnent psi ptum. Nubo a encore cet autre pret. nupta sum ie me suis mariée.

De *du*CO *duxi* formez le fup. *ductum* conduire, & *dictum* dire de *dico dixi*. *Vinco* ie furmonte fait *vici victum*. *Ico* ie frappe ici *ictum*. *Parco* ie pardonne *peperfi* ou *parfi parfum*. Les verbes terminez en *fco* demandent *vi* & *tum* c. *nofco* ie connoy *novi notum*, *quiefco* ie repofe *quievi quietum*. *Agnofco* ie reconnoy & *cognofco* ie connoy font *vi* & *itum* : *Pafco pavi paftum* paitre. *Conquexi* n'eft pas un pret. que l'ufage donne à *conquinifcere* baiffer le derriere contre terre. *Difco* i'apprens & *pofco* ie demande font *didici* & *popofci* fans fupins : *Car difcitum & pofcitum font prefqu'inconnus.* Pareillement *compefco* i'empéche & *difpefco* ie fepare n'ont à peine aucun fup. Les verbes qu'on appelle ordinairement Inchoatifs n'ont point mémo de pret. c. *hebefcere* fe reboucher *& bifcere* s'entrouvrir. Exceptez ceux qui font coniuguez par d'autres verbes ou vrais ou feints c. *horrefco ie crains horrui*, *fenefco fenui fenectum* vieillir.

Changez la terminaifon DO en di fum c. *mando mandi manfum* macher, *edo edi efum* manger : *Satisfto pourtant a dit comeftus.* *Fundere* verfer fondre, *findere* fendre, *fcindere* couper perdent leur n : *car on dit fudi fufum, &c.* *findere* & *fcindere* doublent l's au fup. *fiffum fciffum*. *Fido* ie me fie avéque fes compofez c. *confido* donne au pret. *fifus fum*. *Pando* i'onvre *pandi paffum* & peut-étre *panfum*, d'où viennent ces phrafes *vela difpanfa* ou *expanfa*, voiles déployées. *Tundo* fait *tutudi peu ufité* & *tunfum* coigner : Mais tous les compofés font *tufum* c. *contundo contudi contufum brifer ou broyer.* Encore que les verbes venant de do c. *vendo ie vens & trado ie livre* demandent *didi* & *ditum*, neanmoins *abfcondo* ie cache aura *abfcondi abfconditum* : *autrefois il avoit abfconfum.* Coniugués *cado* de la forte : *cado cecidi cafum cadere* tomber : *& remarquez qu'accido accidi accidere n'a point de fup.* *Cedo* veut *cecidi cefum* couper frapper, *tendo retendi tenfum* ou *tentum* rendre, *pendo pependi penfum* pezer payer, *pedo pepedi peditum* peter. *Confido* ie me fie *ontre confiffus fum* a *confidi* fans fup. que n'ont pas non plus les verbes fuivans, qui font au pret. di *ftridere* ou *ftridére* fiffler, *rudere* braire, *fidere* aller à fond. Ses compofés fuivent le verbe *fedeo*, *dont ils prennent leur pret. & leur fup.* c. *affido affedi affeffum affidere* s'affeoir auprés. Ceux-cy *lædo* ie bleffe, *ludo* ie ioue, *claudo* ie ferme, *plaudo* i'applaudy, *rodo* ie ronge, *trudo* ie pouffe, *divido* ie divife, *rado* ie racle ou rafe donnent fi fum. Mais *vado* ie vay n'a méme point de pret. Pourtant fon compofé c. *invado i'attaque* veut-*vafi-vafum*. Le pret. de *cedo* eft *ceffi* & le fup. *ceffum* ceder.

Le verbe terminé en GO c. *cingo i'entoure* fait *xi ctum*. Quelquefois on l'écrit par *Guoencore qu'on ne le prononce pas autrement*, *diftinguo* le diftingue, *unguo i'oins.* Ces trois *ftringere* ferrer fort, *fingere* feindre, *pingere* peindre perdent n aux fup. *ftrictum*, &c. *Tango* prend *terigi tactum* toucher, & *ago egi actum* faire, chaffer ; avéque *cogo fon compofé i'affemble ou le contrains*, *frango* ie rompe, *compingo* ie ioins ou relie, *impingo* ie heurte & *fuppingo* ie fiche deffous. *Pango* ie fiche ie chante ou ie fay des vers avoit autrefois *pegi* ; mais il a maintenant *panxi* ou *pepigi*. *Ce dernier preterit fignifie i'ay fait paction & Voffius le tire de l'ancien pago c'eft à dire pacifcor.* Ses compofés favoir *repango* ie refiche & les autres dont ie n'ay point parlé font *panxi* : Le fupin eft *pactum*. De *lego* faites *legi lectum* choifir lire, de *pungo pupugi ou rarement punxi* & *punctum* piquer. Souvent les compofés de *pungo* ont encore *punxi* c. *repungo repupugi & repunxi*, *compungo mémes & difpungo n'ont que punxi au pret.* *Intelligo* i'entens, *negligo* ie neglige, *diligo* i'aime donnent *exi ctum*, *quoique compofés de lego.* *Spargere* diffiper avéque *mergere* couler à fond & *tergere* ou *tergére* nettoyer veulent fi fum. *Figere* ficher & *frigere* fricaffer ont *xixum* & *ctum* : *neanmoins les compofés de figo n'ont ordinairement que fum c. infixum.* *Prodigere* prodiguer, *degere* paffer fa vie quelque part, *fatagere* fe méler, prendre foin terminent en *egi* leur pret. & n'ont point de fup. non plus que *ningere* neiger, *angere* attrifter, *clangere* fonner de la trompette, qui ont *xi* au pret. *Ambigere* douter & *vergere* érre tourné n'ont ni pret. ni fup. Pourtant le Grammairien Diomede donne à *vergo verxi*. De *ve*HO formez *vexi* ve*ctum* porter par voiture : Et de *traho traxi tractum* tirer.

Le Verbe en LO donne au pret. lui & au fup. *litum* c. *molo molui molitum* moudre, mais *alo* ie nourry aura quelquefois *altum par fyncope.* De *colo* faites *colui cultum* cultiver honnorer, de *confulo confului confultum* pourvoir, d'*occulo occului occultum* cacher, de *fallo fefelli falfum* tromper. Volo ie veux a volui , nolo iene veux pas nolui , malo i'aime mieux malui , refello ie reprens refelli , pfallo ie chante pfalli. Enfin antec ello exello præcello i'excelle, ont ui fans fup. *car excelfus & præcelfus élevé font des noms adiectifs.* Percello veut perculi perculfum étonner, *recello recellere defcendre ne forme aucun de ces temps.* Vello a velli & quelquefois vulfi , vulfum arracher , pello pepuli pulfum chaffer. Tollo *ou attollo* prend de fuftollo , fuftuli fublatum ôter nourrir. Sallo fait falfi falfum : mais on dit encore dans la 4. conj. falio falivi falitum faler.

Le verbe en MO fait au pret. ui & au fup. itum c. fremo fremui fremitum fremir. Mais tremo ie tremble a tremui fans fup. promo ie tire dehors , fumo ie prens , demo , j'ôte como ie coeffe ont fi fum : Et emo emi emtum. *Voffius enfegne que c'eft une faute , d'écrire icy & en d'autres fembla-bles mots c. en emptum un p , propre aux verbes qui ont au prefent p ou b.* Premo double l's & fait preffi preffum preffer. PoNO pofui pofitum mettre, gigno genui genitum engendrer. Mais cerno demande crevi cretum iuger voir , cano cecini cantum chanter. Concino ie chante enfemble, avéque les autres compofés de cano font ui entum. Sterno ftravi ftratum étendre & couvrir. Sperno fprevi fpretum méprifer, lino & fes compofés levi lini livi litum frotter boucher. *Linivi & linii viennent de linire:* Temno *principalement en fon compofé* contemno veut temfi temtum méprifer , fino fivi *ou quelquefois fini* fitum quiter permettre Les verbes finis en Po ont pfi ptum c. repo repfi reptum ramper. Neanmoins rumpo fait rupi ruptum rompre , ftrepo ftrepui ftrepitum faire du bruit, coQVO coxi coctum cuire. Linquo ie laiffe a liqui , à quoy fes compofés ajoûtent lictum c. *delinquo deliqui delictum commettre une faute.*

QuæRO veut quæfivi quæfitum chercher, curro cucurri curfum courir, verro verti verfum balier, gero geffi geftum porter faire, tero trivi tritum frotter broyer, fero tuli latum porter, uro uffi uftum brûler , fero fevi fatum femer ou planter. Ses compofés qui ont comme luy une fignification champétre demandent vi & itum , c. *confero confevi confitum femer ou planter enfemble,* les autres ui & ertum c. confero conferui confertum méler. Servius ancien Grammairien approuve ce pret. furui du verbe furere étre en furie. Le verbe en SO comme laceffo i'attaque fait ivi & itum. *Mais laceffo avéque faceffo ie fay & capeffo i'entreprens ont encore, fi & fi par fyncope qui eft feule demeurée dans inceffo i'attaque inceffi fans fup.* Pinfo fait pinfui pinfitum pinfum & piftum pinfer pétrir. Quæfo ie prie n'a rien. Depfo a feulement depfui depfere petrir. *Quelques-uns neanmoins luy donnent depfitum , d'où vient depficitius panis dans Varron.* Vifo ie vay voir a vifi vifum : *c'eft pourquoy l'on peut dire vifus ou invifus fuit il a été vifité: ces preterits paffifs ne venant point de video.*

FlecTERE ployer, plectere battre, nectere attacher, pectere peigner prennent xi xtum : Mais les trois derniers ont encore xui nexi ou nexui. &c. *Pexi toutefois & plexi font moins en ufage.* Peto ie demande ie vay i'attaque veut ivi & itum. Verto verti verfum tourner, mitto mifi miffum envoyer & meto meffui meffum aveq une double s. moiffonner. Sifto fait ftiti ftitum prefenter en quelque lieu : lors qu'il eft neutre il fuit le verbe fto & fait fteti ftatum étre, s'arrêter, *d'où vient affifto ie fuis aupres aftiti aftiturus.* Stertere dormir ronfler n'a que le pret. ftertui. ViVO a vixi victum vivre , folvo ie délie & volvo ie roule ou tourne forment vi & utum : Et teXO i'entrelaffe xui & xtum. Calvo fait calvi fans fup. *Mais on dit plutôt au paffif calvor & calvi, pour tromper ou étre trompé.*

La 4. conj. fait ivi itum c. *munio munivi munitum munire fortifier:* mais fepelire enfevelir fait fepelivi fepultum, fentio fenfi fenfum fentir. Amicio avoit autrefois amicivi, prefentement amixi & rarement amicui, amictum couvrir voiler. Sepio defire fepfi & quelquefois fepivi feptum enfermer d'une haye, venio veni ventum venir, veneo venii & venum qui eft enfemble un fupin & un nom *venum ire, ponere veno irritamenta gulæ.* Tous les compofez de pario ont ui & ertum c. *aperio aperui apertum ouvrir.* Deux neanmoins que ces prepofitions infeparables com & re commencent favoir comperio & reperio ie trouve ont eri & ertum. Singultio prend fingultivi fingultum fingloter avoir le hoquet , fancio fanxi fanctum ou fancitum ordonner, *autrefois il avoit encore fancivi.* Vincio veut vinxi vinctum lier , falio donne falii ou falui faltum fauter & fes compofés fultum c. *defilio defilui & defilii defultum defcendre:* hautio haufi hauftum puifer, farcio farfi fartum farcir, farcio farsi-sartum coudre, fulcio fulsi fultum appuyer. Les verbes Meditatifs c. *cænaturio i'ay envie de souper* ne forment ni pret. ni sup. Exceptés ceux qui descendent d'edo, pario & nubo : *car ils ont au pret. i'vi sans sup. c. parturire être en travail, esurire avoir faim, nupturire desirer d'être mariée.* Le pret. & le sup. manquent encore à ferio ie frappe & aio ie dy. *Aisti & aistis sont pourtant en usage.* Pour ferii & feritum, ce sont vray-semblablement de nouvelles formations *du Grammairien Charisius. On ne trouve point les supins des verbes gestire sauter avoir envie, ineptire badiner, cæcutire être aveugle, punio a punivi & dans Cic. inimicum punitus es tu at puni.*

Si vous voulez donner aux verbes Deponans un pret. qui leur soit convenable, il est à propos de feindre qu'ils ont une voix active, & supposer par exemple que vereor veritus sum vereri craindre vient de vereo verui veritum *qui est pourtant hors d'usage.* Proficiscor ie pars reiette cette loy & fait profectus sum, comme ulciscor ie vange ultus sum, adipiscor i'aquiers adeptus sum, fateor i'avouë fassus sum, queror ie me plains questus sum, loquor ie parle locutus sum, nitor ie tache ou ie m'appuye nixus ou quelquefois nisus sum, metior ie mesure mensus sum, patior i'endure passus sum, reor ie pense ratus sum, sequor ie suy sequutus sum, expergiscor ie m'éveille experrectus sum, misereor i'ay pitié misertus sum, gradior ie marche gressus sum, fruor ie jouy fruitus ou rarement fructus sum, obliviscor i'oublie oblitus sum, utor ie me sers usus sum, nanciscor ie trouve nactus sum, paciscor ie fay paction pactus sum, experior i'éprouve expertus sum, opperior i'attens oppertus sum, comminiscor commentus sum comminisci inventer composer, ordior orsus sum ordiri commencer, faire une trame, orior oreris ou oriris ortus sum oriri naitre, morior mortuus sum mori mourir, nascor natus sum nasci naitre : Dans les trois derniers le futur de l'inf. est terminé en iturus. Vesci manger, liqui se fondre & couler, reminisci se ressouvenir, ringi rechigner se dépiter, mederi remedier n'ont point de pret. ausquels vous ajouterez ces deux, prævertor ie vais au devant & diffiteor ie nie. *Les pret. qu'on leur attribuë præverti & insiciatus sum sont etrangers & viennent de præverto & d'insicior. Labor lapsus sum labi suit la regle generale.*

Touchant les verbes Irreguliers apprenez que le simple facio & le verbe composé de luy s'il retient a c. *satisfacio ie satisfay* veut à l'Imperatif fac fais. Fero pareillement veut fer porte, duco duc conduy, dico dic dy. A peine l'usage approuvet-il jamais ces premieres personnes furo ie suis en furie, ovo ie me réjouy, for & fer ie parle, dor & der ie suis donné : A peine approuvet-il ces autres feris ou fetur. Novi memini & odi sont du temps present & passé, de sorte qu'ils signifient ie connois & ay connu, ie me souviens & me suis souvenu, ie hais & ai hay. Vous remarquerez icy plusieurs formes & plusieurs conjugaisons des verbes c. *assentire & assentiri s'accorder, nexo nexas nexare entrelasser & nexo nexis, &c.* Les Grammairiens appellent neutro-passifs *les verbes qui ont la terminaison active & la signification passive* c. vapulare être battu, exulare être banni, nubere être mariée, fio & à l'inf. fieri devenir, licere être prisé, venire être vendu. Les mêmes Grammairiens ont encore appellé verbes mistes ceux qui ont un pret. de la maniere active & un autre de la passive, c. iuro iuravi iuratus sum iurare iurer. Quelques impersonnels savoir libet ou lubet on iuge à propos, licet il est permis, piget on est marri, pudet on a honte donnent uit ou itum est c. *libuit ou libitum est.* De tædet on est ennuyé faires tæduit ou pertæsum est, & de miseret on a compassion miseritum est ou misertum est, qui est presentement en usage. Liquet cela est clair n'a ni premiere ni seconde personnes, comme il n'a point non plus de pret. *mais liquo liquas fait liquavi liquatum liquare fondre.*

LA SYNTAXE.

La Syntaxe ou la Construction est de deux sortes, simple ou figurée : Et il est important d'apprendre toutes les deux. Pour la premiere, elle est ou de Regime ou de Convenance.

Syntaxe simple : Et premierement celle de Convenance.

L'Adjectif & le substantif, le nom & le surnom doivent toûjours s'accorder en genre, en nombre & en cas : *comme Marcus Tullius exul, Marcus Tullius banni.* Mettez le Relatif & l'Antecedant en même genre & en même nombre c. c'est Ciceron que vous voulez apprendre

Neanmoins lorsque l'Antecedant suit le Relatif, ils seront au même cas, parce qu'ils sont raportez au même verbe. En effet on dit plus elegamment *quem scribo librum bonus est* le livre que i'ecris est bon, que *librum quem* : Car c'est une façon de parler dont les auteurs se sont rarement servis. Lorsque deux mos de divers genre sont joints au Relatif, il convient indifferemment à l'un ou à l'autre, c. il paroissoit dans tout le monde une même face, laquelle ou lequel on a appellé Caos. L'Apposition c'est quand on met en un même cas deux substantifs, qui signifient une même chose c. *urbs Roma* la ville de Rome. On répond au même cas que l'on est interrogé : c. dites-moy qui est celuy que le berger Corydon aimoit ? Alexis, qui étoit les delices de son maistre. Icy la construction est différente, *Cujum est pecus ? Ægonis* à qui est ce betail ? Il est à Egon. La conjonction desire semblables cas & semblablas mœufs : sinon lorsque le sens n'est plus le même, c. *Il est Orateur & Philosophe : mais seroit-il encore Jurisconsulte ?* Le verbe qu'on appelle personnel & fini prend devant luy un nominatif aveq qui il convient en personne & en nombre. Mais ce nominatif est souvent sous-entendu, *principalement en la 1. & en la 2. personne c. amo amas* i'aime tu aimes : Et souvent on met au lieu de luy quelqu'autre partie d'oraison c. tromper c'est chose facile. *Plusieurs nominatifs singuliers ont un adjectif ou un verbe pluriel, c. Nox & amor vinumque nihil moderabile suadent, Ovid.* La nuit, l'amour & le vin ne persuadent rien moderément. *Pater & Chremes reversi,* mon Pere & Chremes sont de retour. Si vous mettez deux noms de divers nombre devant le verbe, il s'accordera avéque le principal, ou avéque le plus proche, c. *omnia pontus erant,* toutes choses étoient mér, *pectus robora fiunt* l'estomac est changé en chênes. Les verbes quels qu'ils soient *actifs passifs ou neutres,* sont ioints avéque deux nominatifs, si ces nominatifs signifient même chose, c. Il est estimé pieux, la colere devient une fureur. Tous infinitifs demandent apres eux le même cas qu'ils ont eu devant, lorsque la même chose est signifiée, c. *nobis licet ire vel esse paratis,* rien ne nous empéche de partir ou d'être preparez. Les auteurs neanmoins ont souvent dit *esse paratos.*

Syntaxe de Regime.

Celle du vocatif. Heus & ohe ö gouvernent le voc aveq ö, quand on s'en sert pour appeller. *Mais on le sous-entend ordinairement, c. Lectule deliciis facte beate meis :* Petit & agreable lit, que mes plaisirs me font considerer comme bien-heureux. On peut aveq ö ioindre son composé lo c. *Jo triumphe.*

Du Genitif. Quelques adverbes de temps c. *pridie* le iour de devant, de lieu c. *ubi* & de quantité c. *multum* gouvernent le g. *On dit neanmoins pridie nonas en sous-entendant ante :* Instar à la façon & ergo lors qu'il signifie a cause c. lorsque nous parlons de la sorte *illius ergo,* gouvernent ce même cas. Si deux substantifs sont ioints continûment, & qu'ils n'expriment pas même chose, le dernier veut être au g. c. *homo nihili* homme de neant. Les adjectifs verbaux avéque les noms partitifs desirent encore ce cas c. *Tempus edax rerum* le temps qui devore toutes choses, *nemo vestrum* nul de vous. Mais lors qu'on fait la partition, le genre doit être le même, c. *altera manuum* l'une des mains, *fortior fratrum* le plus vaillant de deux freres. Sinon premierement, quand on se sert de cette façon de parler Dulcissime rerum, vous qui m'êtes la chose du monde la plus chere : où ce dulcissime s'accorde aveq Hippolyte. *Il arrive pareille chose en cette phrase. Chamaleo solus animalium nec cibo nec potu alitur :* Le Chameleon est le seul des animaux qui ne mange ni ne boit point. Secondement quand on use d'un mot collectif ou irregulier c. *quisquam Clodiæ gentis :* Quelqu'un de la maison des Clodiens. *Infimum Cælorum* le dernier des Cieux. Rudis ignorant & securus qui est assuré, avéque satago ie me mêle & misereico ou misereor i'ay pitié ont pareillement un g. Ces verbes æstimo curo & semblables gouvernent les g. suivans boni pluris, &c. c. æqui boni facio ou consulo ie prens en bonne part, emi tanti quanti voluit, il l'a achetté autant qu'il a voulu, parvi minni ou nihili curare s'en mettre peu ou point en peine, flocci ou nauci habeo ien'estime rien, pilii non duco ie ne l'estime pas un cheveu : assis, teruntii, huius non facio ie ne l'estime pas un sou, un liard, cela. On peut encore dire plurimi interest ou refert il est fort important. Pluris est oculatus testis unus, quam auriti decem Plaut. On doit faire plus d'etat d'un seul homme qui a vu la chose, que de dix qui l'ont seulement ouy dire. Vendo minoris ie vends à moindre prix. On donne même construction à ces g. magni, maximi, maioris, multi, titivillitii, infiniti, *infinito pretio est neanmoins plus elegant.* Remarquez que les auteurs Latins ont dit à l'abl. magno æstimo i'estime beaucoup, parvo aut nihilo consequor i'aquiers à peu de frais ou pour rien. Les mémes ont dit pro nihilo duco, &c. ie n'en fay nul état. Refert & interest il importe, & est il appartient reçoivent encore toute autre sorte de genitifs, par ex. *Theodori nihil interest, humine an sublime putrescat,* Il n'importe à Theodore de pourrir dans la terre ou en l'air. Cic. 1. Tusc. *Boni pastoris est tondere pecus & non deglubere,* un bon pasteur doit tondre ses brebis, mais non pas les écorcher, Suet. in Tiber. cap. 32. On excepte ces six adiectifs cuius, meus, tuus, suus, noster, vester. Car on dit cuja intererit à qui importera-il ? Nostra refert, il nous importe : sua refert, il luy importe & ainsi du reste. Le verbe est prend ces mémes adiectifs au neutre genre, *c. meum est* c'est à moy.

Du Datif. Lorsque les noms ou les verbes marquent acquisition, ils gouvernent l'ac. c. scribo aliis, &c. I'écry pour les autres & ce que i'écry ne m'est pas honteux. Quelques verbes doublent ce cas. Ainsi vous direz, laudi dominis est, &c. Il faut louer les maitres, de ce que leurs serviteurs tachent à vivre vertueusement. Ces verbes assentari, adulari & les suivans qui signifient flatter, se rejouir aveq quelcun sur quelqu'heureux evenement, ayder, servir, remedier, nuire, obeyr, étre contraire, presider, commander, pardonner, rencontrer, favoriser, étudier avéque les composez de sum *c. desum ie manque,* de post ou d'ante *c. postpono ou antepono ie postpose le prefere,* de fio ou facio & de satis *c. satisfacere & satisfieri,* de male ou bene *c. maledicere ou benedicere,* de præ *c. præluceo,* de sub *c. subijcio ie soumets,* d'in *c. insistere s'attacher,* d'inter *c. intercludo i'empeche,* d'ob *c. obsequor i'obey,* d'ad *c. adijcio i'aiouste,* de super *c. supernatare surnager* demandent souvent un datif: avéque liquet il est clair, & ces autres ordinairement impersonnels restat, evenit, &c. Il reste, il arrive, il est permis, il y a du temps, il est fácheux, il est à propos, il vaut mieux, il nous plait & semblables *c. vobis immmunibus huius esse mali dabitur.* Ovid. Il arrivera que vous ne serés pas attaqué de ces maux. On peut raporter icy ces autres façons de parler *videris mihi diligens,* il me semble que vous étes diligent. *Ego audita tibi putaram* ie pensois que vous l'aviez ouy dire. Væ malheur, & le nom verbal terminé en bilis *c. affabilis* avéque celuy qui marque ou la hayne *c. invisus qui est hay,* ou l'amitié *c. carus cher,* ou l'utilité *c. commodus commode,* ou le dommage *c. perniciosus pernicieux,* enfin celuy qui est fini par cette syllabe ndus *c. amandus* gouverne le datif. *On dit neanmoins activement populabundas agros* ravageant la campagne, *vitabundus castra,* évitant le camp & semblables.

De l'Accusatif. Ces prepositions ad apud, &c. auront un ac. Elles signifient à, chez, aupres, selon, enviròn, à l'entour, prés, touchant, proche, deça, derriere, apres, devant, envers, à cause ou proche, outre, sous, sur, dans, hors, contre, au delà, en la puissance, iusques, entre, vers. Si possum ie puis, cupio ie desire ou semblable verbe, *c. volo ie veux* ne precede; Tout Infinitif a devant soy un ac. *c. Mé ne incœpto desistere victam,* faut-il que ie sois vaincue & que ie quitte ce que i'avois commencé ? Le verbe actif *c. colo* ou transitif *c. veneror i'honore* & iuvo encore qu'il signifie i'ayde *c. auxilior à qui l'on donne un datif,* misereor i'ay pitié, iuvat il est avantageux, latet c'est une chose cachée, decet il est bien-seant, delectat on prend plaisir gouvernent apres eux un ac. *A latet ou peut ioindre fugit fallit præterit.* Tous les verbes intransitifs gouvernent encore ce méme cas dans une signification approchante *c. gaudere gaudium se réiouir* viam ire marcher, vivere vitam vivre. D'autres mos le gouvernent pareillement apage fy, cedo dis ou donne, exosus qui hait, pertæsus qui s'ennuye, perosus qui a une extreme aversion. Doceo i'enseigne, rogo ie demande & celo ie cache doublent l'ac.

De l'Ablatif. Le nom qui determine le lieu ou le temps, ou qui marque l'instrument, la façon, l'excés & la cause doit être mis à l'abl. *c. octavo ab urbe lapide,* à huit mill pas de la ville : *decimo post exitum die* dix iours apres sa mort ; *hic melior remis* celuy-cy est plus propre à ramer, *consilia tractatu dura, eventu tristia,* conseils dont la proposition est fácheuse & l'evenement triste ; *crine ruber, niger ore, brevis pede, lumine læsus,* qui a les cheveux rouges, la bouche noire, le pié court, & la veuë blessée ; *altior pede* plus haut d'un pié : *deteriores omnes sumus licentia* la liberté nous rend tous pires. On donne ce méme cas à deux noms qu'on ne raporte nulle part, & que pour cela on appel *ablatifs absolus*, c. me duce sous ma conduite, *audito castellum obsideri ayant seu qu'on assiegeoit le chateau*. Le prix n'est pas non plus exprimé autrement que par l'abl. c. *parvo pretio tua stat tibi virtus*, vôtre vertu vous coute peu. Il faut pourtant dire au genit. *comme il a été déia remarqué* constat pluris il coute d'avantage, &c. Il faut encore dire valet assem ou plus souvent asse, il vaut un sol. Plusieurs verbes c. fraudare, beare, ôter, gratifier, se nourrir, étre en vigueur, étre puissant, daigner, s'appuyer, jouyr, se servir; & d'autres que vous apprendrez dans les livres des anciens auteurs gouvernent l'abl. c. *viduus*, *&c.* privé, puissant, banni, dépouillé, qui n'a point, contant, vuide, se fiant, privé, orné, qui est sans, chargé, né, c. *ovo prognatus eodem* éclos d'un même œuf. Et tout comparatif c. dementior illo est *ou quam ille*, il est plus fou que luy. Mettez devant l'abl. ces prep. coram, &c. en presence, de ou par, avéque, devant, loin, de, sans, pour, devant, à l'insceu de.

De plusieurs cas separément. O, en & ecce voila demandent un nomin. ou un ac. L'exclamation O veut encore le voc. c. *O Dave itáne contemnor abs te? Dave est-ce ainsi que vous me méprisez?* Pro ou proh *o*, vah marque d'exécration, malheur! ah *va*, hem voila doivent étre ioints au voc. ou à l'ac. Hem gouverne encore le datif. Heu helas a le dat. l'ae. & le voc. c. *Heu pietas, heu misero mihi, heu stirpem invisam.* On dit hei mihi, ô que ie suis malheureux, & hei mi nate helas cher enfant: Et c'est le regime des Interjections. Ces noms dissimilis similis, &c. different, semblable, commun, pareil, propre, qui n'est pas éloigné, qui a ses bornes proches, confidant, dont on touche les limites, survivant, qui sait complice, allié, compagnon, voysin, prochain, égal, semblable, contraire, jaloux, particulier, familier, ont un genit. ou un dat. avéque præfectus. Car on dit præfectus urbi ou quelquefois urbis præfect de la ville: Alienus different a ou un dat. ou un abl. mais souvent il ioint comme Diversus a onab avéque l'abl. Diversus reçoit encore un dat. Tous les verbes d'oublier & de se souvenir ont ou le genit. ou l'ac. Sachez que ces façons de parler rebus rerúmque potiri, &c. avoir la souveraine puissance, étre en suspens, étre tourmenté dans son ame & semblables c. *angi animi ou animo* sont Latines, & prenez pour regles les exemples, que vous voyez icy, manuum, &c. Il a enfoncé son épée iusqu'aux gardes. *Où vous apprenez que tenus gouverne un abl. sing. ou un genit. plur.* Dignus digne, indignus indigne & les suivans riche, exempt, privé: Enfin tout mot qui signifie l'abondance, le deffaut & la proprieté veut un genit. ou un abl. c. *implentur veteris Bacchi, ils se remplissent de vin vieux, implevitque mero pateram il remplit de vin sa tasse. Tui carendum erat. Terenc. Il falloit que ie fusse sans vous. Morte carent animæ Ovid. Les ames sont immortelles. Lentulum eximia spe summæ virtutis adolescentem. Cic. Lentulus ieune homme de grande esperance & de grande vertu.* De ces sortes de mos il faut excepter opus. Car on dit Dux nobis est opus un Capitaine nous est necessaire: *Et alors opus est adiectif de tout genre & de tout nombre*, on dit encore opus est duce ou ducis. *Usus dans les Poëtes signifie la méme chose qu'opus & gouverne l'abl. c. usus est nummis, il est besoin d'argent.* Propior & proximus ont le dat. ou l'ac. c. *propior urbi ou urbem plus proche de la ville:* vesci l'ac. ou l'abl. c. vesci glande ou glandem vivre de gland. Servez-vous de fungi en la méme façon c. fungi officio *& si vous voulez parler comme on parloit autrefois* fungi officium faire son devoir. Abhinc a méme construction c. *abhinc plures annos ou pluribus annis, depuis plusieurs années.* Vous ioindrez aptus, appositus, idoneus, habilis, propre, proclivis pronus natus porté & tout autre pareil nó avéq le d. ou l'ac. & la prep. ad c. aptus armis ou ad arma propre aux armes. *Privati homines iniuriis ou ad iniurias opportuniores: les particuliers sont plus suiets à recevoir affront. Propensus neanmoins a seulement ad ou in.* Mettez à l'ac. ou à l'abl. la mesure & l'espace du lieu & du temps c. *vixit annos viginti octo, imperavit triennio. Suet. in Cal. cap. 59. Il vequt vingt-huit ans & en regna trois. Abest iter ou itinere unius diei, il y a d'icy là un iour de chemin, longus tres ulnas ou tribus ulnis, long de trois aunes.* D'ordinaire super sur, in dans, sub sous lors qu'ils signifient mouvement demandent l'ac. & autrement l'abl. Subter sous veut plus souvent l'ac. *Plato iram in pect. re, cupiditatem subter præcordia locavit. Cic. Platon a mis la colere dans l'estomac & la concupiscence sous le cœur.* La question ubi c'est à dire ou est-il, dans les noms propres de petit lieu ou des villes du sing. nombre, & de la 1. ou de la 2. decl. reçoit le genit. c. Lugduni aut Romæ est:

Il eſt à Lyon ou à Rome. Maïs on dit à l'abl. Eſt Carthagine ou Delphis: Il eſt à Cartage ou à Delphes: *Savoir lorſque ce ſont noms de la 3. decl. ou du pl. nombre.* Le nom ou appellatif & commun à pluſieurs choſes, ou propre aux Provinces & autres grans lieux ioint in à l'abl. c. *eſt in vrbe, eſt in Gallia*: Il eſt dans la ville, il eſt en Gaules. Rus & domus dans toutes les queſtions ſont mis comme les noms des villes: de ſorte qu'on dit eſt rure, eſt domi il eſt aux champs, il eſt à la maiſon. On dit encore *und ſemper* militiæ & domi *fuimus*, ou belli domique, *nous avons toſiours été enſemble* dans la guerre & dans la paix. *Sternit* humi *invenem il iette* à terre ce ieune homme. Terra marique *pugnatum eſt, on a combattu* par mer & par terre. Il faut mettre à l'abl. avéque la prepoſition in, domus lors qu'on luy ajoûte quelqu'autre nom c. *in domo Cæſaris, in domo paterna.* Ce qui n'a pourtant pas lieu quand ce nom eſt un des ſuivans meus, tuus, &c. c. Malo eſſe domi meæ quam alienæ, i'aime mieux étre chez moy que chez un autre. Dans la Queſtion quà par ou paſſet-il & unde d'où vient-il, il faut que les villes ſoient à l'abl. c. *Lugduno tranſire ou proficiſci paſſer par Lyon ou partir de Lyon.* Les autres noms ont la prepoſition per dans la queſtion quà. c. *tranſire per urbem, per Gallias paſſer par la ville, par les Gaules*: A ou ab & e ou ex dans la queſtion unde c. *proficiſci ex urbe, à ou ab Gallijs.* Dans la queſtion quò où vat-il les noms de ville ſont à l'ac. c. *Ire Pariſios.* Auquel les autres noms joignent la prep. in c. *ire in cubiculum aller dans la chambre*, ſinon lors qu'on ſe ſert du verbe peto c. peto Cyprum je vais en Chipre.

Le Regime de pluſieurs cas enſemble. Pœnitet ie me repens, tædet ie m'ennuye, miſeret i'ay compaſſion, pudet i'ay honte, piget ie ſuis marri deſirent la perſonne à l'ac. & la choſe au genit. Hujus facti me piget ie ſuis marri de cette action. Ajoûtez ces verbes damnare condamner, accuſare accuſer, abſolvere abſoudre c. accuſo te furti ie vous accuſe de larcin. Mais on ſe ſert encore de l'abl. c. condemno te eodem crimine ie vous condamne de méme crime. A cet abl. on joint quelquefois de. c. *accuſat me de epiſtolarum negligentia vous m'accuſez de n'avoir pas ſoin de vous écrire.* On dit encore moneo te de re, ou rem ou rei. La perſonne eſt là à l'ac. & au dat. icy, vult, &c. Le Preteur veut vous deffendre l'eau & le feu, *c'eſt à dire vous bannir.*

Le Regime des prepoſitions & des mœufs. Pertinet & attinet il appartient avéque ſpectat gouvernent la prep. ad. *On dit encore ſpectare in Orientem ou Orientem ſans prep. étre tourné vers l'Orient.* Accipio ie reçoy, diſto ie ſuis éloigné avéque les verbes paſſifs, neutre-paſſifs & peto ie demande, expecto i'attens, diſtinguo ie diſtingue prennent la prep. a ou ab. Aioûtez tous les autres mos qui ſignifient ou la méme choſe, ou quelqu'autre approchante c. *removeo i'éloigne ſeiungo ie ſepare,* & alius autre, & tout mot exprimant la difference c. *alienus que nous avons déia dit,* & differo differs ie ſuis differant, enfin ceux qu'on rencontre à toute occaſion c. *ſecernete verum à falſo ſeparer le vray du faux.* La matiere eſt exprimée par les prep. è ou ex c. *pocula ex auro des taſſes d'or.* Au reſte vous remarquerez qu'on peut repeter les prep. qui entrent dans la compoſition des verbes, & dire par ex. adire oppida ou ad oppida aller aux villes, exire muros ou muris, & exire extra muros ou è muris ſortir hors des murailles. Certaines conionctions demandent certains mœufs, *car quoniam quando quandoquidem quippe ſont ioints à l'indic. côme quanquam tametſi etſi plus ordinairement. Au contraire ut quò afin que, ne quin, que ne ſont ioins avéque le ſubionctif: Et le plus ſouvent quamvis licet encore que. Pour quippe qui, ſi, niſi, ni, etiamſi, ſi quidem, quod quia on les met avec l'un ou l'autre mœuf. Amici timent ne moriamur, inimici ut moriamur, ou ne non, & ut non moriamur* Souvent les conionctions ont un ordre particulier, *car que par ex. n'eſt iamais devant les mos, mais apres.* Quelques adverbes ne ſignifient qu'une perſonne, c. *equidem ego quidem pour moy:* Et ſouvent ne ſont propres qu'à une queſtion c. *hic iſthic illic à la queſtion ubi, &c.* On ſe ſert tantôt d'ille & tantôt de ſuus pour éviter les ambiguitez & les équivoques c. *Marcus amiſit ſuum librum, Marc a perdu ſon livre ou le livre qui luy appartenoit. On diroit illius librum s'il appartenoit à un autre.* On doit donq mettre ſuus lors qu'un mot retourne en luy méme. Vous donnerés aux participes la méme conſtruction qu'aux verbes ou aux noms, & direz fugitans arma qui fuit les armes, ou fugitans armorum qui a acoutumé de fuir les armes. Souvent vous mettrés en cette méme façon les gerondifs & les ſupins en um. *Car ou dit cauſa Romam videndi ou Romæ vi-*

E

tendre, le sujet de voir Rome. *Nandi rudis* qui ne sçait point nager, comme *rudis litterarum* qui n'a
point d'étude & *consuetudo peccandi* la coutume de pecher. On trouve même, *æternas quoniam pœnas in*
morte timendum, dans Lucrece pour *pœna timenda*: puis qu'en mourant il faut craindre un éternel sup-
plice. Virgile a encore dit, *Græcis servitum matribus ibo*, i'iray être esclave des femmes Gréques. Le Lu-
pin en u a seulement devant luy un nom *ou adjectif* c. *facile dictu* ou *res facilis dictu* chose facile à
dire, quoyque pourtant on dise *dignus legi* digne d'être lû, ou un de ces trois substantifs *fas nefas opus*.
Si deux verbes sont ioints sans *ut ne quod*, ou semblables particules, le dernier sera à l'infinitif
c. *quis nollet amari*, est-il quelqu'un qui ne veuille pas qu'on l'aime.

Syntaxe figurée.

S'il y a quelque locution que des Regles communes condamnent & que les savans auteurs ap-
prouvent, ie l'appelle Figure. L'Ellipse laisse quelque chose, comme lors qu'on dit: *Triste*
lupus stabulis, le loup est une chose fâcheuse aux étables, car on sous-entend *negotium*. Si une
façon de parler contenoit des mos inutiles, on l'excuseroit par la figure appellée Pleonasme,
par ex. videre oculis voir de ses yeux. Ce que les Grecs nomment Syllepse & les Latins Conception marque les choses & non pas les mos c. *scelus hic me perdit* ce méchant est cause de ma
perte. L'Hyperbate renverse l'ordre du discours c. dans cet endroit de Virg. *Cum regina sacer-*
dos, &c. Lors qu'Ilie Reine & Prêtresse grosse du Dieu Mars accouchera de deux enfans. Or
afin que le discours ne soit ni obscur ni embrouillé, l'ordre demande que l'adjectif soit presque
toujours ioint avéque le substantif, & le mot qui gouverne aveq celuy qui est gouverné, Il demande que dans l'interpretation des Auteurs on voye premierement le verbe, puis le nom qui
le precede & celuy qui le suit: Et qu'enfin on raporte à ces choses toutes les autres. Encore que
vous trouviez plusieurs manieres de parler anciennes c. *incantassim amarier audibo* ne les imitez
pourtant pas. Et quand vous parlez Latin ne vous exprimez point comme les Grecs. Sinon que
ce que vous dites soit commun aux deux langues c. *scribe aliquid quorum consuevisti*, ecrivez quelque chose de ce que vous avez accoutumé: *fractus membra* il a les membres rompus, où l'on sous-entend *scribere*
& secundum.

LA QVANTITE'.
Regles ou generales, ou pour les premieres syllabes.

La quantité est la mesure des syllabes, qui sont ou breves c. feray que l'on prononce presque comme s'il y
avoit fray, ou longues c. faire que l'on prononce féère. On peut raporter pour les exemples Latins deligo
ie choisis ou i'attache & delego ie depute. Plusieurs syllabes breves ou longues composent les piés, & plu-
sieurs piez composent les vers. Le pié appellé Yambe est une breve & une longue c. legunt, & le Trochée
une longue & une breve c. perge. Le Spondée a deux longues c. prudens, le Tribraque trois breves c. bre-
via, l'Anapeste deux breves & une longue c. fiari, le Dactyle une langue & deux breves c. tempora.
Les autres piez ont ou la valeur seulement d'une longue c. le Pyrrique pius, ou plus de deux longues c. le
Molosse Sanctorum, & sont inutiles, aussi bien que l'Amphibraque, qui a deux syllabes breves separées
par une longue amare. On marque quelquefois sur les syllabes longues une petite ligne, sur les breves un c.
renversé, & sur les communes une note composée des deux. Les vers les plus communs sont les Hexa-
metres, qu'on nomme de la sorte parce qu'ils ont six piez, dont les 4. premiers sont indifferemment Dactyles
ou Spondées, le 5. est un Dactyle & le 6. un Spondée. Rarement on met à la fin deux Spondées precedez d'un
Dactyle c. magnum Iovis incrementum. Mais souvent aux Hexametres on ioint des Pentametres compo-
sez de 5. piez, dont les 2. premiers sont indeterminément Dactyles ou Spondées, le 3. Spondée & les 2. der-
niers Anapestes. On mesure encore ces vers par deux cesures qui renferment deux Dactyles c. sic vos non
vobis fertis aratra boves. Cesure est une syllabe restant apres quelque pié. Dans la maniere de mesurer les
vers, il faut remarquer l'Elision de la consonne m, & de toutes les voyelles, excepté celles des Interiections
c. Multu ill' & terris iactatus. Il faut encore remarquer la Jonction de plusieurs syllabes en une c.
alvaria pour alvearia, & la Division d'une en plusieurs c. dissoluere pour dissolvere. On connoit la breveté
& la longueur des syllabes ou par l'autorité seulement, ou par les Regles, que nous allons raporter.

Les Diphtongues sont longues c. *musæ, musai, aura, eia, Euander, cæna, Troia, harpuia ou harpyia*.
Vne syllabe formée par contraction est pareillement longue, comme on voit dans *cogo* formé de

coago & dans le mot Hebraïque & Grec *mina* qui vient de *mina*, & qui signifie à peu pres le pois d'une livre. Præ est commun dans præeo, mais on l'abrege dans les autres semblables où il est suivi d'une voyelle *c. dans præest*. Les Latins abregent une voyelle devant une autre voyelle pium, alienum & quelquefois Mæotis méme. Il arrive le contraire dans le genit. & le dat. de la 5. decl. qui sont finis en ei & qui alongente, dans fio quand il ne suit point d'r, dans Pompei Cai & semblables vocatifs, dans aer & dans quelques autres noms Grecs *c. Darius, platea, Eous*. Les Orateurs alongent i dans les genit. terminez en ius *c. illius totius*, que les Poëtes peuvent neanmoins abreger. Mais alterius est toûjours bref, comme le genit. alius toûjours long. Io fille d'Inaque & io cry de ioye, Diana & ohe sont communs. Faites longue la voyelle qui sera suivie de deux consonnes, *soit dans un seul & méme mot c. fort, ou dans deux mos c. tota domus gaudet, ou quelquefois dans un mot differant c. date tela, scandite muros*. Faites pareillement longue la voyelle suivie ou d'une lettre double *c. gaza axis*, ou d'un i lors qu'il a aprés luy une autre voyelle *c. huius reiicio reiecto*. *Ce qui n'a pourtant pas lieu dans plusieurs autres composés bijuges, serniiacens, semiiorem.* Si une breve precede une muette *b c d g p t*, & une liquide l ou r, les Orateurs la font breve & les Poëtes commune. *Nox tenebras profert, Phœbus fugat inde tenebras*, Ovid. Dans les mos Grecs on prend quelquefois pour liquides m n & g. Comme dans *Tecmessa captive aimée d'Aiax, cycnus, smaragdus, comme si l'on disoit smaradus*. Il faut se servir de cette regle selon l'autorité des Anciens, & n'alonger point par ex. la penultieme de *genitrix*, ni la premiere de *rostrum*. Le mot derivé est semblable au primitif. C'est pourquoy de ros roris rosée ou l'o est long vient rorarii: qui est de méme quantité & qui signifie ceux qui combatoient les premiers de l'armée. Mon nom Roreus *qu'on voit dans le 5. livre de la vie de Tycho écrite par Gassendi* a pareille derivation. Mobilis, fomes, &c. ont pourtant la premiere syllabe longue, encore qu'ils descendent des verbes moveo, foveo, lateo, rego, sedeo qui l'ont breve. Les suivans au contraire arista vadum, &c. qui viennent des verbes longs areo, vado, sopio, luceo l'abregent. Par l'usage vous en apprendrez plusieurs autres *c. noto notas du supin notum*, & *humanus d'homo*. Les mos composés ont la mesure des mos simples: Encore qu'ils en changent ou la voyelle *c. ago adigo*, ou la diphtongue *claudo includo*. Mais vous abregerez deierare iurer saintement & peierare iurer faussement, innuba qui n'a point été mariée, pronuba marieuse & *conubialis appartenant au mariage*. Vous abregerez encore fatidicus & semblables noms formés de dico *c. veridicus*, avéque semisopitus & nihilum *qui vient d'Bilum qu'on explique tenuissimas fili particulas*. Ajoûtez ceux qui sont composés de labes tout ce qui gate quelque chose, d'où vient labefacere & labefactare corrompre ruiner. Connubium est commun, *selon la regle méme du nouveau Despautere. Bona variant conubia Musæ*. Ambitus entouré l'est encore. Ces particules a de e se ve & di sont longues dans la composition *amoveo, deduco, educo, eheu, seduco, vesanus id est non sanus insensé, diduco*. Dirimo pourtant & disertus ont la premiere breve. Refert l'a longue, *parce qu'il vient de res*. Dans tous les autres mos comme dans refero refers & dans reliquus re est bref. Pro l'est aussi dans les mos Grecs *c. propheta propontis*: mais non pas dans les Latins *c. dans produco profera qui sont tous longs*. Excepté profundus, profugus, proneptis arriere petite fille, pronepos, profestus dies iour ouvrier, profari, profiteri, profanare éloigner du temple, profecto, procella, protervus insolent, & proficiscor. Les suivans sont communs propino, procuro, propello, profundo, proserpina, procumbo avéque propago propagas & propaginis provin race. On abrege toûjours e dans la premiere partie du composé, *tredecim trecenti*. Ordinairement encore on abrege l'ypsilon *polydorus*, & l'i *comme biceps, causidicus paricida*. Mais on fait longs nequis nequa nequod & nequid, &c. *Sedecim vient de seni & decem, c'est pourquoy il doit étre long*. Ajoûtez quelques composés de facio, c. rarefacio, expergefacio, conservefacio. Mais lique-, putre-, pate-, & tepefacio sont douteux. Idem masc. est long avéq quidam, tantidem, si quis, ibidem, *où l'on aioute dem apres ibi comme apres is ou id*, scilicet, bigæ, &c. *En quoy l'on peut dire qu'il n'y a point de contraction mais un simple retranchement de syllabes bijuges: scire licet: ce qu'on voit encore dans magnopere.* Vbicunque est commun avéq quotidie. Les autres composés de dies sont longs *c. biduum, meridies*. Les Grecs abregent o dans les composés, *c. dans Samothracia Timotheus, à* quoy l'on peut raporter bardocucullus cape de Bearn. Les Latins au contraire l'alongent c. dans *hodie controverſus* alioquin quandoque. Quandoquidem eſt pourtant bref. Minotaurus, Geometra, dodecatemorion id eſt *dodekaton meris* ſeu duodecima pars, avéque lagopus ſont longs. *Lagopus* pié de liévre eſt le nom d'un oyſeau *&* d'une plante que quelques-uns liſent dans ce vers de *Martial*: Si *meus aurita gaudet lagopode Flaccus*: Mais l'épithete *&* la quantité ſont contraires à cela, c'eſt pourquoy d'autres mettent glaucopode. V eſt toûjours bref c. dans *ducenti*, *quadruper*. Neanmoins l'abl. fini en u c. *cornupeta* eſt long. Celuy qui eſt fini en a l'eſt pareille nent c. *quare*.

Regles pour les ſyllabes du milieu des mots, dans les preterits les ſupins & l'accroiſſement des verbes.

Les preterits de deux ſyllabes ont la premiere longue c. veni, vidi, vici. Les ſuivans ſteti, ſcidi, tuli, dedi, bibi, ſidi l'abregent. Le pret. qui double la premiere ſyllabe fait bref tout ce redoublement c. *cado cecidi*. Cedo pourtant & pedo alongent la 2. ſyllabe. Tous les ſupins de deux ſyllabes ont la premiere longue c. *notum & citum de cio*. Exceptez ceux de cieo & des verbes ſuivans. Sto abrege ſtatū ſeulement & non pas ſtaturus. Les ſupins de plus de deux ſyllabes terminez en etum c. *deletum*, ou en utum c. *volutum* ont la penultiéme longue. *Ceux de deux ſyllabes c. ſtetum ſont compris dans la regle precedente* Bien que les ſup. en itum c. *petitum recenſitum* venans du pret. en vi *petivi recenſivi*, ſoient longs, toutefois agnoſco & cognoſco abregent agnitum & cognitum. Les autres ſup. en itum ſont brefs, *dans les verbes qui n'ont pas ivi au pret. c. moneo monui monitum. L'accroiſſement n'eſt iamais la derniere ſyllabe des verbes ni des noms. Il arrive aux verbes, lors qu'ils ſurpaſſent en nombre de ſyllabes la ſeconde perſonne de l'actif vraye ou ſuppoſée, c. monemus veremur: Aux noms, lors que les cas obliques ont plus de ſyllabes que le nominatif.* Alongez dans les verbes l'accroiſſement A. *probare ſtabam pergamus fueramus*. Exceptez le premier accroiſſement du verbe do c. *dabamus*. Alongez encore E. Neanmoins le preſent & l'imparfait de la 3. conjug. ont er bref. c. *legeris ou legere tu es lu, legere lire ou ſois lu, legerem & legerer*. La penultiéme dans les perſonnes terminées en reris ou rere eſt longue *legereris ou legerere*. Faites e bref dans ces ſyllabes des verbes, beris ou bere, c. *amaberis ou amabere* & dans ces autres eram, eris, ero: *ſinon quand elles ſouffrent ſyncope c. compleram*. Quelquefois les Poëtes abregent les troiſiémes perſonnes plurielles du pret. parfait c. ſteterunt dederunt. L'accroiſſement eſt bref c. *amabimus, legimus, venimus nous ſommes venus, amamini*. Tous les pret. en ivi ſont longs c. *petivi*. Il faut aioûter nolite nolito & velimus ſimus avéque leurs compoſez & leurs autres perſonnes. Il faut encore aioûter le premier accroiſſement de la 4. coniug. c. *audire, audimus, auditur, audirem, auditum, ibo*. Cette ſyllabe Ri qu'on trouve au futur & au pret. du ſubionctif eſt tantôt breve & tantôt longue dans les Poëtes. O eſt long: *Matrem facitote ſalutet*. Ovid. V bref: *Nós numerus ſumus & fruges conſumere nati. Si patria volumus, ſi nobis vivere cari*. Horat. ep. 1. Exceptez le participe & le futur de l'infinitif terminé en urus c. *amaturus, amaturum eſſe*.

Dans l'accroiſſement des noms.

A de la 1. decl. eſt long c. *dives* pictai *veſtis & auri Virg*. La deuxiéme abrege ſon augmentation du ſingulier nombre c. *dans pueri viri ſaturi & dans tous les autres*, ſinon qu'Iberi vienne d'Iber. *Car Iberus Iberi ne croît point*. A dans les noms de la 3. decl. eſt long, c. *animalis, Paanis, calcaris, pietatis*. Exceptez celuy qui vient du nomin. en a c. *Thematis*, & des nomin. maſculins en al ou en ar c. *d'Annibal & de ſon pere Amilcar*. Exceptez encore l'accroiſſement qu'ont avéque les compoſez de par c. *diſpar & par* luy méme, Nectar bacchar iubar hepar. Exceptez en troiſiéme lieu l'accroiſſement qu'à le nom en as, qui fait au genit. adis c. vas vadis, avéque mas maris, anas anatis & tout nom qui a une conſonne devant ſon s finale c. trabs Arabs. Aioûtez, Atax riviere de la Gaule Narbonnoiſe, *dont Lucain a dit, Mitis Atax Latias gaudet non ferre carinas*, colax flateur paraſite, ſtorax ou ſtyrax, thridax laituë. *Quod ſupereſt thridaci iunges ramenta earinæ: Serenus*. Où pourtant dans l'Edition de Tournes on lit tritæ. Panax ou panacea ſorte d'herbe, corax corbeau *d'où vient nicticorax*. Corax eſt encore le nom d'un Rheteur, d'un fleuve & d'une montagne. Philax *dont Heſiode a fait breve l'augmentation*, ſignifie en Greq garde ou gardien. *Arctophylax aſtre pres la grande Ourſe qu'on appelle autrement Bootes bouvier eſt Greq &*

Latin. A ces noms sont semblables *pour la quantité* fax , & dropax onguent depilatoire, anthrax écarboucle, charbon pestilentiel, Attrax fleuve d'Etolie & ville de Thessalie. *Hinc Atracis atra‑cidis pro Hippodamia, Ovid.* Smilax If, phaseole, & sorte de ronce, climax en Greq signifie des degrez : *Et Homere en a fait bref l'accroissement.* Les Grecs & les Latins, prennent ce mot pour une montagne & pour une figure qu'on appelle encore Gradation : *viderat hanc, visámque cupit, potitúrque cupita.* Vous ne trouverez nulle part que les anciens aient fait bref l'accroissement de Syphax Roy de Numidie. *Claudien l'a pourtant abregé, mais dans la decadence de la langue La‑tine, sous l'empire d'Arcadius & d'Honorius. Quelques uns mettent icy abax mal à propos. Car les Latins dsent abacus buffet.* La 3. decl. abrege l'accroissement E c. Cereris pedis gregis. Ceux qui ont le genit. en enis c. Siren sont exceptez, aveq Iber qui est d'Iberie pres la Colchide, Ver & Luter, Recimer noms propres, heres, halec, *Melchisedec* & les suivans, ausquels vous ajoûterez les noms barbares en el Michael‑elis, les noms Greqs écrits par éta c. *crater crateris, tapes tapetis,* hors Æther & aër. Ces accroissemens I & Vpsilon sont brefs c. *sanguinis chlamydis Chalybis.* Les noms Grecs qui font inis ou ynis allongent i ou y c. *Delphinis, Gortyn‑ynis ville de Crete,* avéque lis, vibex ou vibices meurtrissures, absis ou apsis arc cercle de roüe, Nesis nom d'Ile : Et le nom terminé en ix c. *cervix felix mastix mastigis* fouet. *David Davidis est douteux.* Coccyx coccy‑cis ou coccygis allonge son accroissement avéque bombyx & gryps. Filix fougere, fornix voute, varix veine pleine de sang melancolique, coxendix ou coxa la cuisse, Erix montagne de Sicile, hystrix porc épy, pix, chœnix sorte de mesure, calix verre ou tasse, nix, vices, Cilix Cilicien : Thrix thrichis ou thrichos est un mot Grec, & signifie poil, *d où viénent callitbrix & polythrix qui sont noms d'herbes dans Pline,* elices seillons pour faire couler l'eau, Helix non d'homme & d'une sorte de hierre, salix saule, larix arbre semblable au pin & au sapin, natrix serpent d'eau ont gardé leur augmétation bréve. Les Poëtes font communs sandyx sorte de couleur rouge & Bebrix qui est le nom d'un Roy des Pyrenées. L'accroissement O, est long c. *celox celocis brigantin.* Abregez pourtant celuy qui vient d'un nom neutre c. *temporis : car melioris & semblables sont encore d'autre genre.* Os oris bouche est long. Memor, arbor & les noms suivans avéque tous les autres dont l's finale est precedée par une consonne c. *Æthiops, Dolops peuple de Thessalie,* sont brefs. Exceptez Cercops peuple changé en singe, hydrops hydropisie, & aveq hydrops, Cyclops Cyclope qui forgeoit les foudres de Iupiter avéque Vulcain. *Il faut remarquer sur ces mots que* les Grecs roüjours alongent omega & abregent omicron c. *dans Macedonis Saxonis & presque dans tous les autres noms nationaux, excepté Vectones & peut-étre Burgundiones.* L'V est bref c. *murmuris ducis præsulis.* Neanmoins tous les accroissemens en udis c. *paludis,* uris c. *telluris* & uris c. *virtutis* qui viennent d'un nominatif en us sont longs, avéque furis, lucis pollucis, frugis. Pecudis Liguris & intercutis sont brefs. Si les cas pluriels croissent, ils allongent A c. *quarum,* E c. *rerum.* O c. *bobus.* Mais ils abregent I c. *artibus* & V c. *artubus :* exceptez bubus long.

Regles pour les dernieres syllabes.

La derniere syllabe de châque vers est commune, *par exemple dans ce vers d'Ovide. Ingenio tamen ipse meo comitórque friórque.* Faites longs les mots finis en A c. *ama interea triginta antea contra postea p st. la vltra.* Mais exceptez ita, puta pour videlicet, eia, quia & toutes sortes de cas terminez en a c. *nomin. & voc. Musa, voc. Anchisá Thiesta, acc. Hectora.* Les abl. sont pourtant longs c. *Anchora de prora iacitur Virg.* Le voc. en A des noms Grecs en as est pareillement long : *Quid miserum Ænea laceras ? Pallas Pallantis ô Palla.* Abregez E c. *valde : Sine numine divûm ;* Mais allongez les noms de la premiere & de la cinquiéme decl. c. re Anchise, & les autres noms Grecs. c. lethe cete mele tempe écris par éta : & ces Latins fame, ferme, fere, ohe. Ajoûtez l'imperatif actif de la 2. conjug. par ex. mone, avéque les mos d'une syllabe *me te se ne.* Neanmoins les Enclitiques *que ne ve* & ces particules syllabiques *ce te pte c. hicce tuapte* sont breves. Vous ferez longs tous les adverbes formés des noms de la deuxiéme decl. c. *præcipuè validé :* excepté ces 4. *infernè supernè bene & male.* E dans ces trois imperatifs vale cave vide est cómun. Allongez I final c. *domini audi.* Abregez pourtant nisi & aveq quasi & cui de deux syllabes, le dat. & le voc. Grec. c. *Palladi & Alexi. Ausquels on aioûte gummi hydromeli & sembl tle:.* Les noms

E iij

Grecs écris par éta diphtongue impropre c. Oresti, ou formés par contraction e. Demosthenï sont longs. Vel pour ut, & mihi vbi tibi ibi sibi sont douteux. Ce qui fait croire, qu'on peut faire uti bref est que sicuti & utique le sont toûjours. O est commun c. sermo quando nolo porro. Les genit. Grecs sont longs c. Androgeo, & les noms qui sont us c. Clio, avéque les monosyllabes c. do sto pro & ô interjection, qui n'est brève que devant une voyelle. Le dat. & l'abl. de la 2. decl. sont encore longs c. domino, avéque les adverbes derivez des noms c. eo adeo ideo falsò & ergo à cause, qui vient d'ergon. Serò pourtant verò & subitò sont communs, Illico est plûtôt bref, & citò modò immo, aveq ego & cedo pour da. Les verbes scio & nescio sont seulement brefs, afin qu'ils soient distinguez des noms de semblable terminaison. Allongés toûjours V à la fin des mos, c. fructu Panthu. Lucrece pourtant abrege nenu c'est à dire non & indu in. L'Y est bref aussi c. Moly Tiphy: B encore: c. ab ob sub. Si les Latins se servoient de ces mos Hebreux Iob Jacob, ils les excepteroient de la regle, parce qu'on les écrit par omega. C. est long c. ac, hic icy hoc sic. Exceptés nec & donec brefs: fac & le pronom hic communs. Abregez D. c. ad sed illud, & L. c. mel pol procul. Neanmoins faites les noms en l qui ne sont pas Latins c. Tanaquil femme de Tarquin le vieux, Daniel, avéque nil sol & sal longs. Les anciéns avoient acoutumé d'abreger l'M, lors qu'ils la laissoient dans le vers sans elifron c. millia millium octo Lucr. N est longue à la fin des mos Grecs & des mos Latins Ænean, Pan, Titan, Anchisen, Siren, Salamin, Gortyn, Cimmeriôn, quin, sin. En neanmoins qui fait au genit. inis est bref c. tibicen, nomen. Ajoûtez les noms Grecs de la 2. decl. c. Ilion Orpheon Scorpion: Thetin & les autres acc. de la premiere ou de la troisiéme decl. venant des nomin. brefs c. Maian Alexin. Le dat. Grec Arcasin est encore bref, aveq an tamen in dein forsan forsitan vi len' nostin' & semblables c. ain' satin' egon'. L'R, finale est breve c. Cæsar calcar vir dicitur. Iber est long quoy que son composé Celtiber soit bref. Cor est douteux. Cur fur, &c. sont longs, avéque par & ses composez c. dispar, enfin avéque les noms Grecs terminez en er & croissans au genit. c. aer Æther crater. AS est long c. ætas amas: Mais anas est bref Arcas & Arcadas, avéque les autres nomin. singul. dont le genit. est en adis c. Illas & les ac. pluriels c. Delphinas Troas. ES à la fin des mos est long c. doces Anchises. Es de sum est bref: car lors qu'il vient d'edo, il est long par la premiere de ces regles. Dans les noms Grecs les nomin. & les voc. plur. sont brefs c. Troes Delphines. Pour l'ac. plusieurs le croyent purement Latin & long c. Charites dans Properce, tigres dans Tibulle, & tripodes dans Iuvenal, Lucain a pourtant fait bref l'ac. Lingones: mais quelques-uns liront peut-être Lingonas. Enfin les Grecs abregent tous les mos qu'ils écrivent par epsilon comme cacoethes, & les Latins penes, & generalement les noms de la 3. decl. dont l'accroissement est bref c. miles seges pedes peditis. Il faut neanmoins allonger Ceres, &c. Is est bref c. is pronom, cis prep. quis inquis sanguis. Exceptez les cas plur. c. Musis & omnis pour omneis ou omnes. Exceptez encore le nom qui a l'accroissement long c. Salamis Samnis Quiris semis dis apsis, &c. La cause pourquoy vis force est long, c'est ou la contraction de bia ou du genit. viris inusité que quelques-uns luy donnent. Ces personnes vis, velis, sis, fis & les autres singulieres de la 4. conjug. par ex. audis sont longues, comme leur accroissement plur. est encore long audltis: on aioute faxis ausis. Quelquefois la necessité & la cesure, allongent les syllabes breves c. Si nihil attuleris, ibis Homere foras. Ovid. Os a la fin des mos est long c. bonos & os oris. Compos & impos sont brefs, avéque tous les noms Grecs écris par omicron c. Arctos, Argos, Ilios, Pallados & os ossis. Abregez la syllabe finale Vs c. fecimus illius. Exceptez tripus Melampus nom propre dans Virg. & les noms qui retiennent u au genit. c. sus palus virtus tellus Opus. Ajoûtez le genit. sing. & les trois cas pluriels de la 4. decl. terminez en us. Ys est bref e. dans Tphys & Chelys: T l'est pareillement c. caput inquit.

F I N.

Avéque les Fautes que vous remarquerez vous méme, corrigez celles qui suívent.
Dans la Grammaire Latine.

PAge 1. ligne 5. Le nominatif, le vocatif & l'ac. 21. fort. *Celer* qui va vîte aveq *acer* 29. V. es. 10. Pronoms 2. 5. quiconque qui… 3. 9. vn' 2. 14. je fus aimé ou j'ay été aimé. 28 amari. 46. ou j'aurois. 4. 1'. encore 6 41. Dydus, Æneidos. 48. Vox e per is vertenda est teste cubile cub lis Additur 15. deuxieme colomne Quiris & 41. Fæmineum reliquum utis. 7. 2. Glans nestens : fix cor, aut libra & pendere nomen 2. col 15. Hos casus primos fructi 55 voluit 8. 9. frænum. 22. Sic mundus c. d. & p. simus Æther. Belimus sopor. 11. Iunge & Justitiam, & iubar & cum 16. Adduntur sines. 40. hæc quoque. 41 excubiæ, fortunæ, col. 2. 5. præbia & ex 9 Nec numeros nec in u voces elementáve flectas. Deme duo ex numeris unus tres millia, 14 addunt 9. 41 ardeo, junctis 10. 11. 2. col Texo o vertet per ui cum. 11. 2. col. *coniugatio.* Terminatio io, 10. 22 vivo dabit 11. 9 extremis. 41. col 2. est in 11. 14. Accusativum hæc ad. 19. penes usque inter versum seu versus habebunt. 16 sæpius. 50. requirunt O etiam. 21. 2. col. pendere ac discruciari. 15. & capulo. 15. 16. Est hic accusativo persona 8. 2 col. ii præeunti tantùm. 14. 2. col. chaldæemq 15. Græcus : Lis, vibex, vis, dis 17. cumq. hydrope. 15 10. L. Longis. 11. additur, & sal 16. & brevibus quas tertia rectis, Primáve declinat voces. 15. 2. col. vis velis sis sis ut & ordinis omnis quarti. 18 15 cid seaux. *Compes fers aux piez est f. parce qu'autrefois on disoit compds.* 20. Solœcophanes. 19 17. am ou an 20. 2. flumen. 10. chêne que quelques-uns appellent roure, la force. 14. &c. la sœur 41. vieil 21. 13. Styx. 14. Daphnim & 44. & ac. pl 11. 6. qui n'est pareillement que d'une syllabe par ex. 13. 30. fræni ou fræ. 18. vas a vasis 14. 1 astres, cole. 18 10. demptum 11. ensemble, & les. 30 1. en méme 38. *Chamaleon* 11. 18. *s'attacher & incommodare être incommodé à* 5'. 40. habilis, natus… promt porté 41. ou aveq l'ac. 43. la mesure, l'espace & la durée.
Au commencement pag. 4. lig. 11. à l'école de Platon.

Extrait du Privilege du Roy.

PAr Letres Patentes du Roy, il est permis à Iaques du Roure, de faire imprimer, graver, debiter, ensemble ou separément, en François ou en Latin, en Tables ou par Discours, une Institution Vniverselle contenant *la Grammaire Latine, & autres choses necessaires à ceux qui s'adonnent aux Arts Liberaux.* Et pendant l'espace de dix ans deffenses sont faites à toutes sortes de personnes d'imprimer, graver, vendre, ou debiter ladite Institution ou aucune de ses parties, sous quelque pretexte que ce soit, sans le consentement dudit du Roure, à peine de trois mil livres d'amende, de confiscation des exemplaires, & de tous dépens, dommages & interets : Comme il est porté plus au long dans lesdites Letres Patentes, signées par le Roy en son Conseil, GARDIEN. du 20. jour de Novembre 1660. *Et Enregistrées au livre de la Communauté des Libraires.*

On a achevé d'imprimer pour la premiere fois le dessein de cette Institution Vniverselle, la Grammaire Generale & la Grammaire Latine le premier iour de Ianvier 1661.
Et les Exemplaires ont été fournis.